J'EN AI MARRE D'ÊTRE JUIF, J'AI ENVIE D'ARRÊTER

PHILIPPE LELLOUCHE

J'EN AI MARRE D'ÊTRE JUIF, J'AI ENVIE D'ARRÊTER

COLLECTION
LE SENS DE L'HUMOUR

le
cherche
midi

Direction éditoriale : Arnaud Hofmarcher

23, rue du Cherche-Midi, 75006 Paris.

Vous pouvez consulter notre catalogue général et l'annonce
de nos prochaines parutions sur notre site Internet :
cherche-midi.com

À mes parents, Claude et Isabelle,
à mon frère, Gilles,
à mes enfants, Sam et Solal,
et à tous ceux qui portent mon nom

« J'en ai marre d'être juif... J'ai envie d'arrêter. » C'est comme cela que je démarrais l'un de mes sketches lorsque je jouais mon one-man-show au palais des Glaces en 2002... Sur cette phrase, les gens riaient, et tant mieux, à la juste mesure de l'absurdité de l'affirmation... On n'arrête pas d'être juif, c'est évident. Néanmoins, si vous le permettez, je voudrais quand même attirer votre attention sur le fait qu'il y en a au moins deux, et pas des moindres, qui ont réussi à le faire sans que personne ne se marre, et qui ne sont pas passés franchement inaperçus par la suite, puisqu'il s'agit de Jésus-Christ et de monseigneur Lustiger...

Mais peu importe. Le hasard (certes discutable) vous fait naître de telle ou telle obédience, et vous héritez souvent, en prime de la religion, d'un nom qui va avec. Donc, d'une étiquette, avec laquelle il va bien falloir s'accommoder.

Je suis né en 1966 en Israël, à Tel Hachomer. J'y ai seulement vécu les six premiers mois de ma vie, parce que mes parents, français tous les deux, ont préféré leur pays d'origine à la terre promise. L'incroyable chemin de la vie, qui ne cesse de me fasciner, a voulu que je n'y sois jamais retourné. Mais voilà, quelques semaines après qu'on m'eut proposé d'écrire ce livre, je m'y trouve, sans que ce fût prévu, et j'y écris ces premières lignes.

Je suis en Israël et, de fait, je ne suis entouré que de Juifs. Cette évidence n'a de cesse de me faire sourire, puisqu'en France, dès qu'on est plus de dix au même endroit, c'est qu'on va faire une prière.

La situation est un peu décalée pour moi car l'une des nombreuses chances (il faut bien le reconnaître) que j'ai eues dans la vie est celle d'avoir été élevé par des parents sensibles et intelligents. Moi qui, déjà dans mes très jeunes années, préférais susciter le rire chez mes camarades plutôt que leur admiration pour une hypothétique inscription au tableau d'honneur.

J'étais bien sûr très vite repéré par le corps professoral pour ma conduite dissipée. Alors, mes parents, aussi inquiets que le sont tous les parents quand leurs enfants sont trop remuants (les voici vengés aujourd'hui, puisque je vis la même chose avec mes fils), avaient décidé de me placer en école privée.

Donc, à l'âge de huit ans me voilà à l'école Sainte-Marie-la-Croix. C'est pas très juif, cette histoire. Mais mon père pensait, plein de bon sens et d'humour, que de me mettre dans une école privée catholique me rapprocherait sans doute plus du judaïsme qu'en me mettant dans une yechiva. Il n'a pas eu tort. Ont suivi les institutions Saint-Nicolas, Saint-Aspais, Saint-Charles et Jeanne-d'Arc.

Maurice et David discutent. Soudain, Maurice prend un air peiné. Il explique :

– Tu connais mon fils, Salomon ?

– Bien sûr ! J'l'ai connu qu'il était haut comme trois pommes ! Qu'est-ce qu'il a ? Il va bien au moins ?

– Écoute, c'est bizarre. L'année dernière, je l'envoie en Israël pour qu'il étudie la Torah, et il est revenu la semaine dernière, mais il est devenu catholique !

– Mais attends, c'est bizarre... Tu sais, mon fils, Simon ?

– Bien sûr, celui qui a deux ans de plus que mon fils Salomon !

– Ouais, celui-là. Ben, moi aussi, je l'ai envoyé en Israël il y a quelque temps, et il s'est aussi converti au catholicisme !

– Ça alors ! Il faut qu'on en parle au rabbin !

Ils partent consulter le rabbin, lui racontent leur histoire et le rabbin saute au plafond :

– Mais, moi, vous connaissez mon fils Samuel ?

– Bien sûr !

– Moi aussi, je l'ai envoyé en Israël, et il est revenu catholique !

– Rabbi, il faut que vous demandiez à Dieu ce que ça veut dire, cette histoire !

Le rabbin fait appel à Dieu pour comprendre ce qui se passe et tandis qu'il lui raconte tout, Dieu l'interrompt :

– Mais c'est bizarre ça... Parce que tu connais mon fils...

Du côté de ma mère et grâce à mon éducation, je suis donc le fruit parfait de la double culture. J'ai néan moins très vite appris, et pas toujours avec le sourire, qu'avec le nom que je porte je n'échapperais pas à mon identité juive. La simple question « Lellouche... Lellouche... Tu (Vous) es (êtes) juif ? », celle qui souligne une différence sans que cela soit nécessaire, agaçait déjà l'enfant que j'étais. Mais lorsqu'on me posait cette même question, en remplaçant le mot « Juif » par « Israélite », je devinais que j'avais en face de moi un antisémite convaincu qui s'efforçait d'être poli. Les « hommes de couleur », « les Maghrébins » ou encore « les gays » verront très bien de quoi je parle.

Mais revenons au fait d'être juif et d'en avoir marre. Je ne vais naturellement pas essayer de définir ce que c'est qu'être juif. Depuis la nuit des temps, d'autres, bien plus prestigieux, plus érudits et surtout plus intelligents que moi, ont tenté de répondre à cette vaste interrogation, souvent d'ailleurs en posant des questions. Et ça, déjà, c'est une démarche très juive !

– Pourquoi les Juifs répondent toujours par des questions ?

– Et pourquoi pas ?!

En revanche, grâce à mes expériences personnelles, j'affirme en connaître un rayon sur l'effet que vous produisez chez les autres lorsque vous êtes juif. Et c'est de ça, précisément, dont j'ai ras le bol.

Des siècles et des siècles d'histoire et d'enseignement, des millions d'écrits et d'intellectuels, d'idées et de débats, de découvertes et de progrès pour en arriver piteusement au point où nous en sommes : au communautarisme. C'est-à-dire au Moyen Âge plus un quart d'heure. Alors, comme disait l'autre : « Dépêchons-nous d'en rire, pour ne pas en pleurer. » Et tentons de casser la gueule aux pitoyables poncifs.

LES JUIFS
ET LA RÉUSSITE

Le premier stéréotype, largement répandu, et pas seulement parmi les antisémites (c'est bien le drame), c'est que les Juifs réussissent. Les Juifs ont le sens de la réussite. Alors, imaginez la pression pour ceux (et, croyez-moi, il y en a !) qui ne réussissent pas. Ils doivent toujours avoir l'impression que les autres vont leur dire : « À quoi ça te sert d'être juif alors, si tu réussis pas ? »

Quelle est la différence entre un Juif dans la confection et un Juif dans un cabinet d'avocat d'affaires ?... Une génération.

Finalement, la réussite chez les Juifs, c'est comme la course à pied chez les Noirs. Je vous jure que j'ai connu des Noirs nuls en gym à l'école. Et je connais un paquet de Juifs qui n'ont pas réussi. Et pour lesquels c'est un drame. Eux-mêmes ont fini par croire qu'ils échappaient à la norme. Ne pas réussir dans la vie, ça peut déjà être difficile à assumer, alors, si on croit, par-dessus le marché, qu'on était pourtant génétiquement programmé pour y arriver, on doit avoir l'impression d'être deux fois puni et deux fois plus con.

Jacob, Polonais d'origine, a fait fortune aux États-Unis. Arrivé en Amérique après la guerre, lui qui n'était qu'un petit tailleur a créé un empire dans le prêt-à-porter. Un soir, alors qu'il circule tard dans la banlieue de New York, il aperçoit le chapiteau d'un cirque polonais, qui ressemble à celui dans lequel ses parents l'emmenaient lorsqu'il était enfant.

Immédiatement, il demande à son chauffeur d'arrêter la voiture. Alors qu'il se promène dans ce chapiteau déserté à cette heure tardive, les yeux embués de larmes et la tête envahie de souvenirs, il aperçoit soudain un type qui est en train de balayer la piste du cirque et de ramasser les excréments des animaux... Plus il observe ce type en train de faire son boulot, plus il lui semble connaître cette silhouette. Soudain, il s'écrie : « Isaac ?! »

Le balayeur se retourne, un vieux type fatigué, et reconnaît à son tour son interlocuteur : « Jacob ? C'est bien toi, mon Jacob ? »

Les deux types se tombent dans les bras en pleurant. Après avoir été prisonniers du ghetto de Varsovie, ils avaient tous deux été déportés à Auschwitz, puis s'étaient perdus de vue à la libération des camps.

– Pas ine journée, ma vieil Isaac, ma vieil ami, pas ine journée je n'ai pas pensé à toi... Je l'ai cri que ti l'étais mort...

– Et moi, ma vieux Jacob, ti m'as manqué toutes ces années... Mais je vois que ti vas bien, je le suis contente... ti l'as le beau costime, ti l'as bien reissi ?

– Je l'ai fait fortine, ma vieil Isaac ! Ici en Amérique je le suis deveni quelqu'un de très importante, je l'ai des dizaines de sociétés, et je gagne des millions des dollars... Oui, je termine mieux ma vie que je l'ai commencée...

Puis, réalisant que son ami était en train de balayer la piste...

– Et toi, ma vieil Isaac ? Comment ti vas ?

– Arghh… Moi je l'ai eu bien des malheurs, ti sais, ma vieil ami…

Jacob l'interrompt :

– Tout ça, ça l'est fini, ma vieil Isaac… Ti vas vénir travailler avec moi… Je vais té donner des grandes responsabilités, ti vas gagner des milliers et des milliers dé dollars, et ti l'auras ine belle voitire, un chauffeur et lé bel appartment dans Manhattan… Jé suis tellement contente de té rétrouver, ma vieil Isaac…

Il sent son ami mal à l'aise.

– Ti l'es contente, ma vieil ami, fini l'odeur dé la merde et di travail dir et mal payé…

– Jé né sais pas, ma vieil ami, jé né sais pas…

– Comment ça ti né sais ça pas, Isaac ? Enfin ?!

– Ti sais, Jacob, je ne sais pas… Moi, quitter la show business…

En fait, il n'y a pas d'autres minorités auxquelles on assigne cette obligation de réussite, aucun autre peuple, aucune autre religion. Une rumeur qui a le poil dur. Une rumeur qui devient légendaire, et qui finit par devenir une fatalité. Tant et si bien, et vous l'aurez compris, que les Juifs finissent eux-mêmes par le croire. C'est horrible de grandir avec cette idée qu'il va falloir réussir à tout prix.

Quitte à choisir une réputation, j'aurais préféré avoir celle des Arabes.

Venant d'un Juif, *a priori*, je sais, c'est très étonnant.

Pourtant, je vous assure, puisqu'on parle de clichés et de légendes stupides, l'Arabe, lui, est feignant et voleur. Alors, de fait, quand on est arabe et qu'on bosse, tout le monde applaudit. L'autosatisfaction me semble plus accessible chez les Arabes. On a un boulot, génial, tout le monde est content, y compris le principal intéressé.

D'ailleurs, il suffit d'observer les circonvolutions médiatiques pour désigner des individus que l'on ne souhaite pas appeler des Arabes. Les connotations seraient-elles trop évidentes ? Alors, on parle plutôt de personnes « issues de l'immigration », quand il serait plus naturel de les appeler des Français, et encore plus normal de ne pas en parler du tout.

Mais il faut opposer ces exemples de réussite (parfois assez ridicules d'ailleurs, parce qu'un Picard qui monte une boîte avec trente employés, on n'en fait pas tout un fromage) à l'image contemporaine de l'Arabe casseur ou voleur, ou vivant aux frais de l'État.

Sans avancer sur le terrain de la paranoïa de l'antisémitisme (dont nous aurons le loisir de parler plus loin), ce genre de publicité relative à la réussite des Juifs aurait comme un effet pervers. Soit on la trouve ridicule, puisque tout le monde sait que les Juifs réussissent, soit elle appuie sur la corde sensible et provoque l'exaspération.

Ça aussi, c'est intéressant ! Normalement, la réussite est admirée et respectée... Chez les Juifs, elle énerve. Rendez-vous compte de l'insupportable destin qui est le nôtre ! Contraints de réussir parce que notre réputation nous précède et nous étouffe, nous redoublons d'efforts pour y arriver, refusant l'idée d'être une brebis galeuse, une exception quasi monstrueuse, tout en sachant que, si succès il y a, nous serons montrés du doigt, puisque nous aurons finalement rejoint l'image d'Épinal vichyste de la diaspora conquérante.

Comment y échapper ? Certains ont songé à changer de nom.

Katzman, Juif allemand, a la bonne idée de venir se réfugier en France en 1940 pour échapper au nazisme. Son premier réflexe est d'aller franciser ce nom qui lui vaut tant de problèmes. L'employé de mairie qui le reçoit lui demande comment il veut s'appeler dès lors. Katzman lui dit : « Écoutez-moi, messieur, en allémand, Katz, ça vé dire chat, et man, ça vé dire homme, alors, la bonne idée, c'est de m'appéler Chalom... »

Mais cette idée de changer de nom, elle ne peut se concevoir qu'en temps de guerre. À notre époque, il vaut mieux vivre avec de l'embarras qu'avec de la honte.

Allez, revenons à nos moutons. Le mystère, le grand mystère, c'est comment s'y prendre pour réussir. Comment font donc les Juifs pour réussir ?! Seraient-ils plus intelligents que le reste des humains vivant sur cette terre ? Je ne connais que deux sortes d'hommes capables d'affirmer une telle ineptie : les bons antisémites et les Juifs « convaincus » (« convaincus », qu'il faut définitivement écrire en deux mots) par l'argumentaire des premiers cités.

Si je parle de « bons antisémites », c'est parce que je le pense vraiment : ils sont bons. Voire presque sympathiques. Être persuadé que le Juif est plus intelligent que soi, quitte à le formuler un peu différemment pour ne pas trop faire souffrir son orgueil, revient à bâtir une relation sur une illusion qui vous mène droit au mauvais amour. Celui qui vous enferme dans la jalousie qui s'emballe pour se métamorphoser en haine. Le bon antisémite est un amoureux déçu, juste un mauvais joueur.

En 1939, en Allemagne, en troisième classe d'un train de province, une famille juive ashkénaze pique-nique, entassée dans un coin, en se faisant la plus petite possible dans l'hostilité ambiante. Un type, agacé et sûr de son bon droit, commence à les prendre à partie à haute voix, devant le reste des occupants du train.

– Regardez-les ! Ah, ils la ramènent moins, les youpins, hein ?! Maintenant qu'Hitler est arrivé, vous allez moins nous emmerder… Regardez-les ! Ensemble, groupés, comme d'habitude… Le seul truc qu'il faut leur reconnaître, aux youpins, c'est qu'ils sont intelligents…

Il s'adresse alors au patriarche de la famille :

– D'ailleurs, pourquoi vous êtes intelligents ? Il doit y avoir un truc. C'est quoi votre truc, hein ?

Le vieux, une lueur de malice dans les yeux, lui répond gentiment et calmement :

– Vous savez, cher méssieur, c'est tout à fait simple, c'est parce qué nous, depuis toute petites, on lé mange des têtes de poissons… Rigardez, même aujourd'hui, on en mange…

Le type, suspicieux, mais curieux de cette drôle de révélation, lui demande alors :

– Ah bon ? Des têtes de poissons ? Vous me vendriez des têtes de poissons que je vérifie si c'est pas une connerie ?

– Bien, sire... Vous savez, nous, en l'en mange tous les jours, alors... Bon écoutez, on l'a achété lé kilo de poissons cinq marks, je vous vends les têtes sept marks... D'accord ?

Le type sort l'argent de sa poche, et se jette sur les têtes qu'il commence à manger malgré leur goût affreux. Soudain il s'arrête, et regarde le vieux Juif d'un air furieux :

– Attendez une minute là... Vous m'avez dit que vous avez acheté le kilo de poissons entiers cinq marks, et vous me vendez les têtes pour sept ?!!!

Le vieux Juif le regarde alors en souriant et lui dit :

– Voyez, ça vient... Ça vient...

Salomon et Rachel fêtent leur vingt-cinquième anniversaire de mariage. Ils ouvrent une bonne bouteille mais Rachel a l'air contrarié. Salomon lui demande :

– Rachel, qu'est-ce que tu as ? C'est nos vingt-cinq ans de mariage et on dirait que tu fais la tête.

Rachel lui répond alors :

– Tu sais Salomon, en vingt-cinq ans de mariage, tu ne m'as jamais rien acheté.

– Mais, Rachel, lui répond Salomon, tu ne m'as jamais dit que tu avais quelque chose à vendre !

À présent, à qui veut s'acharner à constater une réussite juive, on peut rétorquer qu'historiquement ce sont les autres, « les goys » (un terme loin d'être péjoratif, malgré ce que certains s'amusent à prétendre, qui signifie tout simplement « les gentils »), qui y ont largement contribué.

Dans une école talmudique, le rabbin explique à ses jeunes élèves la distinction entre le peuple élu et les goys. Afin de s'assurer que le message est passé, il demande :
– Alors, pourquoi Dieu a-t-il créé les goys ?
Un petit malin répond aussitôt :
– Parce qu'il fallait bien quelqu'un pour acheter au détail.

Vous n'êtes naturellement pas sans savoir que, très longtemps, les métiers d'argent, considérés comme étant sales, fermaient définitivement, pour qui les pratiquaient, les portes du paradis. C'est pourquoi seuls les Juifs pouvaient, mais ne devrais-je pas dire « devaient », les assumer.

C'est vachement drôle de penser que, tout au long des siècles, ce sont les antisémites qui construisent la réussite juive.

L'autre argument, le pire à mon goût, est celui qui tend à laisser croire que les Juifs réussissent parce qu'ils s'aident entre eux. Le vieux rêve de Paul Fort qui ne trouverait sa vérité que chez ceux qui fréquentent les synagogues. Une confrérie de naissance.

Je me suis plu à rêver, moi aussi, plus jeune, que parce que j'étais juif, tout allait être plus simple. Imaginez l'avantage énorme d'une telle situation. Le manque d'intelligence, le manque de courage, le manque d'ambition, en gros le manque de tous les facteurs clés d'une réussite, compensé uniquement par le fait d'être circoncis en son septième jour !

Une internationale juive…

J'ai été navré, tout au long de ma relative jeune existence, de constater que ce n'était qu'un joli rêve. Le plus dangereux, parce que repris à leur compte par les nazis pour en faire le cauchemar de l'histoire.

En ce qui me concerne, l'expérience fut encore plus drôle, puisque déconcertante. À chaque fois que je me suis fait avoir dans les affaires (ce qui, au demeurant, n'est pas non plus mon domaine de prédilection), c'était par des Juifs.

– Qu'est-ce qu'un Juif sioniste ?

– C'est un Juif qui, avec l'argent d'un autre Juif, essaie d'envoyer le fils d'un troisième Juif s'installer en Israël.

– Comment dit-on « Je vais t'enculer » en hébreu ?

– Fais-moi confiance.

Les Juifs ne s'entraident pas, ils s'engueulent. Tous les Juifs le savent.

Un bateau accoste sur une île déserte au large du Pacifique. Au bout de quelques heures, le commandant de bord est appelé par ses hommes, qui ont trouvé trace de vie : un homme qui prétend être le seul habitant de l'île.

L'homme se présente alors au commandant, il s'appelle Robinson Lévy. Il prétend être l'unique rescapé d'un naufrage datant de vingt-cinq ans. Les deux hommes sympathisent rapidement, et Robinson lui explique que l'île regorge de richesses naturelles, ce qui lui a permis de ne manquer de rien durant toutes ces années, et il propose au commandant de lui faire visiter l'île.

Le commandant est épaté de voir l'organisation de Robinson, et surtout toutes les constructions réalisées par ce dernier. Il lui fait tour à tour visiter sa maison avec vue sur la mer et piscine à débordement, son jardin paysagé, son zoo peuplé de dizaines et de dizaines d'animaux, ses écuries, ses étables, ses puits d'eau douce, sa boulangerie, sa boucherie, son épicerie, et ses deux synagogues.

Le commandant abasourdi s'arrête alors et lui demande :

– Mais pourquoi deux synagogues ?

– Parce qu'il y a celle où je vais, et celle où je ne veux pas mettre les pieds !

Enrico Macias est en tournée au Japon. Soudain le guide lui montre la synagogue de Tokyo. Enrico demande au chauffeur de s'arrêter, il veut absolument entrer dans le lieu du culte.

À peine entré, il croise un Japonais qui s'apprête à sortir, une kippa sur la tête. Enrico s'adresse alors à lui :

– Excusez-moi, monsieur ? À quelle heure est l'office ?

– Vous êtes juif, monsieur ?

– Ben... Oui.

– C'est marrant, vous n'avez pas le type...

Ou alors, et là, le secret serait extrêmement bien gardé – mais ma paranoïa d'artiste, ou de Juif (nous allons y venir), m'interdit de l'exclure : il existerait donc un accord secret entre tous les Juifs du monde. Ils seraient convenus qu'une fois tous les dix ans, ou en tout cas à une date anniversaire qui correspondrait à la mienne, de ne pas aider, donc de nier, le ou les Juifs nés en ce jour.

Ce serait quand même franchement pas de pot.

LES SÉFARADES
ET LES ASHKÉNAZES

Pour chasser de mes pensées cette hypothèse effrayante et retrouver la bonne humeur, il me suffit de songer aux grandes oppositions entre les deux principales communautés juives françaises : les Séfarades et les Ashkénazes. Leurs différences sont incessamment soulignées par les Juifs eux-mêmes. Elles constituent à elles seules, au bas mot, cinquante pour cent du répertoire de leurs histoires drôles.

Selon la communauté à laquelle vous appartenez, vous avez au moins une certitude : vous ne voudriez pas appartenir à l'autre... Surtout les Ashkénazes...

Un jour, un Ashkénaze en colère, et qui manquait d'humour, m'a dit alors que nous débattions de notre vision du judaïsme : « Vous étiez au soleil alors que nous étions dans les camps ! » C'est vrai, mais c'est surtout très con.

Ce qui est vrai, c'est que l'Afrique du Nord a beaucoup moins subi l'Occupation et la collaboration que l'Europe. Néanmoins elle n'en fut pas exemptée...
Et ce qui est très con, c'est que le nombre n'a jamais fait la qualité, et qu'il n'y a pas de hiérarchie dans l'horreur.

Si l'on rêve sans cesse que l'humanité tout entière se sente affligée par la barbarie, alors, ceux qui en ont souffert ne devraient rien revendiquer mais, au contraire, ils devraient partager leurs souffrances en frères.
Posséder quelque chose que l'autre n'a pas, quand bien même s'agirait-il de la pire des souffrances, provoque la jalousie. C'est la triste condition humaine.
Toujours est-il que les Ashkénazes mangent de la carpe farcie pendant que les Séfarades mangent du couscous, qu'ils parlent yiddish alors que les autres parlent souvent l'arabe. Enfin bref, ils sont aussi cousins qu'un Chti et un Corse.

Entre eux les vannes fusent. L'Ashkénaze se prend facilement pour un intellectuel, un scientifique, un banquier, un marchand d'art, quand ce n'est pas carrément un prix Nobel. Il prétend appartenir à l'aristocratie juive, être celui à travers qui la noble réussite s'affirme, et surtout il représente ceux qui s'intègrent dans la discrétion. Alors, évidemment, il reproche à son cousin d'Orient de manquer de distinction, d'être une grande gueule qui gagne de l'argent avec des fringues ou dans le show business, et qui attire les foudres de l'antisémitisme à cause de son côté « bling-bling ».

Simon croise son copain David dans une des rues du Sentier.

– Alors, David, mon ami, quoi de neuf ?

– Aujourd'hui c'est l'anniversaire de ma femme... Regarde le solitaire que je lui ai offert !

Simon s'étonne :

– Un diamant ? Ta femme, elle avait pas dit qu'elle voulait un 4 x 4 Suzuki ?

– Ben si… mais le jour où tu trouves un faux 4 x 4 Suzuki, tu m'appelles !

Le Séfarade, lui, se targue du succès de *La Vérité si je mens !*, qui, il faut bien le reconnaître, lui est dédié. Il se pense donc bien plus drôle et plus convivial que son cousin, qu'il trouve triste comme le climat de sa région d'origine. Et surtout, il l'accuse d'être peureux et plaintif.

Maurice Benchémol veut devenir ashkénaze. Il prend rendez-vous avec un rabbin loubavitch qui est extrêmement surpris (on s'en doute) par la demande de son interlocuteur. Comme il s'étonne d'une telle requête, Benchémol lui explique que tous les aspects des Ashkénazes l'attirent, leurs coutumes, le yiddish qu'il aime par-dessus tout, leur façon plus sérieuse, à ses yeux, d'appréhender l'étude de la Torah et le respect de ses lois, etc. Après l'avoir longuement écouté, le rabbin, assez convaincu par le discours de Benchémol, lui explique que la conversion sera longue et pénible, et lui donne rendez-

vous deux ans plus tard, avec l'obligation d'être capable de lire et de parler parfaitement le yiddish à cette date, et d'avoir, d'ici là, épousé la culture loubavitch dans son ensemble.

Deux ans plus tard, Benchémol arrive, méconnaissable. Il porte l'uniforme bleu marine, le chapeau, les bouclettes... Tout ! Le rabbin lui fait la conversation durant plus d'une heure en yiddish et s'étonne même de l'accent impeccable de Benchémol. Au bout du compte le rabbin finit par lui dire qu'il va accepter la conversion, il regarde Benchémol, et lui demande s'il est content. Benchémol, très enthousiaste, lui répond :

– Ah oui, alors !

Alors, le rabbin :

– Voyez, méssieur Benchémol, ça né va pas être possible. Votre réponse, elle est pas ashkénaze...

Schlomo Blum est sur son lit de mort, sa femme Sarah est à ses côtés et lui tient la main, éplorée. Schlomo use ses dernières forces pour s'adresser à elle :

– Sarah, ma femme ? Ti l'es là ?

– Bien sir, Schlomo, qué jé suis là… Jé suis ta femme.

– Oïe, ma Sarah… Ti té souviens quand on l'était dans lé ghétto à Varsovie. Tu té souviens, ti l'étais là ?

– Oui, Schlomo, je mé souviens, c'est là qué l'on s'est rencontré… Ti l'étais un beau jeune homme… Maintenant calme-toi, Schlomo, il faut té réposer…

– Et après, quand on l'a été déporté, ti t'en souviens, Sarah, ti l'étais là…

– Oui, mon Schlomo, oui jé m'en souviens, dé cé train horrible, c'est là qu'on l'est tombé amoureux tous les deux… Mon Dieu qu'on l'avait peur…

– Oïe, ti l'étais là, ma Sarah… Et après quand on l'a été enfermé à Auschwitz… Ti l'étais là avec moi… Ti té souviens, Sarah… C'est même là que l'on s'est marié…

– Bien sir que jé mé souviens… On l'a souffert le martyre, on l'a vi lé pire, mon Schlomo…

– Oïe ti l'étais là… Ça l'a été horrible… Et après, on l'est véni à Paris, on a travaillé très dir pour avoir notre magasin de fourrire dans la rie des Rosiers, ti té souviens, ma Sarah ? On vivait avec pas grand-chose… Ti l'étais là ?

– Mais enfin, Schlomo, évidemment qué je mé souviens, jé suis ta femme, j'ai toujours été avec toi... Oui, ça l'a pas été facile d'avoir cé magasin...

– Oïe ti l'étais là... Après ti té souviens, ma Sarah, quand lé magasin il a brilé... Des années d'efforts qui lé sont partis en fumée, ti l'étais là, hein, ma Sarah ?

– Calme-toi, s'il té plaît, mon Schlomo... Oui jé mé souviens, jé l'étais là, avec toi...

– Oïe ti l'étais là... Et quand notré fils David, il a épousé une goy, mon Dieu que j'ai pléré... Ti l'étais là, hein, Sarah ?

– Mais enfin, Schlomo ! Bien sir qué jé l'étais là, c'est mon fils et jé suis ta femme...

– Oïe ti l'étais là... Et aujourd'hui jé vais mourir et ti l'es encore là... Jé mé demande si c'est pas toi qui mé porte la poisse...

Par hasard, trois Juifs se suivent en voiture, le premier, un Séfarade, roule en Porsche, le deuxième, Séfarade lui aussi, roule en Aston Martin, et le troisième, un Ashkénaze, roule en Lada. Alors qu'un

Vélib lui grille une priorité, le type en Porsche pile, du coup, le mec en Ferrari lui rentre dedans, avant de se faire emboutir lui aussi par le troisième larron en Lada.

Le premier sort de sa voiture hystérique et s'en prend au conducteur de la Ferrari, sorti lui aussi pour constater les dégâts :

– Dis-moi, t'y es pas un con, toi ?!! Tu pouvais pas faire gaffe au lieu de me coller comme un babo ! Regarde ! tu m'as embouti l'arrière de ma caisse, tu viens de me niquer trois jours de salaire là !

– De quoi tu me parles, toi ?!! Moi je suis embouti devant et derrière, moi, c'est quinze jours de salaire que tu viens de me bouffer !

Le troisième, lui aussi sorti de sa voiture, se met à pleurer devant les dégâts.

– Oïe, ma Dieu !!! Moi ça l'est trois ans de salaire que je l'ai perdi...

Les deux premiers se regardent, effarés.

– Mais combien il l'a payée, sa caisse, lui ?!!!

Un touriste passe la semaine à Jérusalem. Il dort dans un hôtel tout près du Mur des lamentations. Tous les matins, il croise un vieil Ashkénaze qui part prier. Et le soir, lorsqu'il rentre à l'hôtel, il le croise à nouveau. À la fin de son séjour, le touriste finit par engager la conversation avec le vieil homme :

– Je vous ai vu venir chaque jour pour prier... Depuis combien de temps passez-vous toutes vos journées ici ?

Le vieil Ashkénaze répond aimablement :

– Bientôt trente ans.

– Vous avez passé trente ans à prier ! C'est merveilleux... Puis-je vous demander pour qui vous priez ?

– Le matin, je prie pour la paix dans le monde et la fraternité entre les hommes. L'après-midi, je prie pour trouver une solution au problème de la famine dans le monde et pour éradiquer les maladies de la surface de la planète...

– Quel dévouement ! Et qu'est-ce que vous ressentez quand vous priez dans ce lieu sacré ?

Et le vieil homme :

– Ben… Il y a des jours où j'ai envie de pleurer tellement j'ai l'impression de parler à un mur…

Néanmoins, si le Séfarade a peuplé longtemps le Sentier, qui avait les odeurs et l'accent de La Goulette avant d'être assiégé par les Chinois, tous les Séfarades ne travaillent pas dans le shmatte.

Un vieux patriarche juif est sur son lit de mort, prêt à rendre son dernier souffle. Toute sa famille est réunie autour de lui. Le mourant trouve la force de dire quelques derniers mots :

– Joseph, mon fils, est-il là ?

– Oui, père, je suis avec toi.

– Et Sarah, ma chère femme, est-elle là ?

– Oui, mon pauvre mari, je suis avec toi.

– Et mon frère Juda, est-il là ?

– Je suis avec toi, mon frère.

– Et mes deux trésors, Dina et Ephraïm, sont-ils là ?

– Oui, père, nous sommes avec toi.

– Tout le monde est là ?

– Oui, sois tranquille, nous sommes tous là.

– Alors, si tout le monde est là, vous pouvez m'expliquer qui c'est qui garde le magasin ?

Élie Sebbag, une soixantaine d'années, convoque son fils de vingt-cinq ans.

– Sam, mon fils, je suis fier de toi. T'y as eu le bac à dix-huit ans, t'y as eu une mention très bien. Ensuite, grâce à Dieu, t'y as fait khâgne et hypokhâgne, ensuite t'y as voulu faire Normal Sup, ta mère et moi on y a pas cru, mais t'y as tellement été bon que t'y as fait l'ENA, et là, tu viens de finir major de ta promotion. Sam, mon fils, tu peux pas imaginer à quel point, ta mère et moi, on est fiers de toi... Seulement maintenant que t'y as fini tes études, mon fils, il faut prendre une décision. Tu veux faire quoi exactement ? Confection homme ou confection femme ?

Un type s'installe au comptoir d'un bar dans le Sentier et commande au serveur :

– Un gin, s'il vous plaît !

Immédiatement, quinze Juifs se retournent :

– Quelle taille ?

Il me faut rassurer mon lecteur qui, à n'en point douter, s'inquiète déjà du sort des fabricants grossistes juifs du 2e arrondissement de Paris, chassés par les Chinois éveillés. En effet, les plus futés d'entre eux, bien conscients que les glorieuses de la sape étaient derrière eux, ont inventé au début des années 1990 le « Silicon Sentier ». Ou comment passer des fringues à l'informatique. Il y a des cours à donner sur la reconversion éclair.

Le principe était simple : aller chercher l'argent où il y en a le plus, c'est-à-dire dans les banques.

Et comment procéder en toute légalité ? Tout bonnement en faisant gober aux banquiers (pour qui le phénomène Internet était alors aussi compréhensible que pour ma crémière) que tous les sites allaient devenir des sites de référence et générer beaucoup d'argent. Et voilà, le tour était joué ! Il m'est avis qu'un paquet de banquiers ont sombré dans l'antisémitisme depuis, tant ils ont misé à perte. À moins que ces banquiers aient été juifs. Ou alors ils étaient complices ? Ben, ça y est, on y revient !

Serfati appelle Bensoussan :

– Bensoussan, c'est Serfati... Tu vas bien ?

– Grâce à Dieu... Toi aussi ?... Bon, qu'est-ce tu veux ?

– Voilà, j'ai des jeans à vendre à un superprix, ça t'intéresse ?

– Ils sont bien ?

– Ils sont super !

– À combien tu les fais ?

– J'ai un lot de deux cents, je te fais le lot à quatre cents euros.

– Allez ! Envoie.

Bensoussan appelle Dahan :

– Dahan, c'est Bensoussan... Tu vas bien ?

– Baroukh Achem... Et toi ?

– Dis-moi, j'ai un superlot de deux cents jeans à vendre, tu prends ?

– Combien ?

– Huit cents euros.

– Vendu.

Dahan appelle Karsenti :

– Karsenti, c'est Dahan… On fait aller, Dieu bénisse… J'ai une affaire pour toi, un lot de deux cents superjeans à mille six cents euros…

– OK, je prends.

Karsenti appelle Gautier.

– Allô, monsieur Gautier ? Oui, c'est monsieur Karsenti, comment allez-vous ?

– Je vais bien, monsieur Karsenti, je vous remercie… Et vous ?… Bon, que puis-je faire pour vous ?… À combien ? Trois mille euros ? Oui, ça peut m'intéresser…

Une semaine plus tard, Karsenti reçoit un coup de fil.

– Monsieur Karsenti, c'est monsieur Gautier à l'appareil…

– Ah, monsieur Gautier ! Comment allez-vous ?

– Je vais pas bien du tout… Est-ce que vous vous foutez de moi, monsieur Karsenti ?

– Pas du tout, je ne comprends pas, monsieur Gautier…

– Eh bien, les jeans que vous m'avez vendus, ils n'ont qu'une jambe, c'est immettable !!!
– Ah oui !!! Mais non... Vous n'avez pas compris, monsieur Gautier... Ces jeans-là, ils sont pas faits pour êtres portés, ils sont faits pour acheter, pour vendre, pour acheter, pour vendre...

Le petit Simon s'achète un avion dans un magasin de jouets. À la caisse, il tend des billets de Monopoly :
– Mais ce n'est pas de la vraie monnaie, mon petit !
– Parce que vous allez me faire croire que j'achète un vrai avion, peut-être ?

Je n'aime pas les banquiers, parce que c'est eux qu'ont commencé. Et puis je crois que je n'aime pas l'argent. Je ne dois pas aimer l'argent puisque dès que j'en ai, je le dépense. Je m'en débarrasse.

LES JUIFS
ET L'ARGENT

Alors là, on touche un point essentiel. Comment puis-je être juif et ne pas aimer l'argent ? Tous les Juifs aiment l'argent, non ? C'est même la pensée universellement répandue dont j'ai parlé plus haut. Ils ont le sens des affaires parce qu'ils aiment l'argent. C'est même le fil rouge de quatre-vingt-dix pour cent des histoires juives. Mais ce qui est pire encore, ils ont la réputation d'être radins.

Un Juif pied-noir d'Algérie se promène boulevard Haussmann à Paris. Soudain, il aperçoit une caravane qui vend des merguez-frites, à l'intérieur de laquelle il reconnaît son copain d'enfance qu'il n'a pas vu depuis 1962. Il s'approche de lui et l'interpelle, heureux :

– Putain, Claudet, comment ça me fait plaisir… Tu me reconnais ?

– Purée ! Dédo !

Il se précipite hors de la caravane et embrasse son ami comme du bon pain.

– Alors, mon Dédo ?! Qu'est-ce que tu deviens ?

– Oh, tu sais, moi je rame... J'ai divorcé, mes enfants sont grands et vivent à l'étranger, et je viens de déposer le bilan de ma société de plomberie, alors, tu vois... et toi ? Ça marche, les affaires ?

– Comment si ça marche !! Les Françaouis, ils adorent mes merguez. Je suis blindé d'oseille. J'ai un appartement avenue Foch, je roule en Porsche... Franchement, ça valait le coup de quitter l'Algérie... Je peux faire quelque chose pour toi ? Parce que j'ai l'impression que t'y as pas le moral. Bon, tu viens dîner à la maison ce soir pour commencer...

– Avec plaisir, mon Claudet. En revanche, puisque tu demandes, la vérité, c'est que je suis pendu, et que j'aurais besoin d'un peu d'argent. Tu pourrais m'en prêter ?

– Aïe, tu peux me demander ce que tu veux, mais te prêter de l'oseille, ça je peux pas.

– Ah bon. Excuse-moi alors, mais comme tu m'as dit que t'y étais riche, moi j'ai pensé que…

– Le problème, c'est pas que je manque de moyens, je te l'ai dit, je suis blindé. Le problème, il vient pas de moi, mais de la banque qui est là…

Il lui montre la banque Fortis, de l'autre côté du boulevard.

– Je comprends pas, Claudet…

– Je vais t'expliquer, mon Dédo. Vu que je suis pile en face de la banque, j'ai un contrat avec elle : elle, elle vend pas de frites, et moi, je prête pas d'argent.

Un Juif marche dans la rue, un type lui met la main sur l'épaule. Le Juif se retourne et dit au type : « Qu'est-ce qu'il y a ?!! À moi aussi on me doit de l'argent !! »

Un Juif attend son tour à la poste pour retirer un mandat et quand arrive son tour, devant une queue interminable, il tend son papier. La guichetière lui dit :

– Deux mille euros, c'est ça, monsieur ?

– C'est ça, mademoiselle.

Elle sort les billets de sa caisse et les compte devant lui avant de les lui remettre. Une fois l'argent dans ses mains, le type recompte billet par billet. Une fois qu'il a terminé, il recommence à compter billet par billet, et puis il recommence encore et encore. Les gens derrière lui s'impatientent sérieusement et la guichetière, agacée, lui demande :

– Il y a un problème, monsieur, le compte n'est pas juste ?

– Si, mais juste juste, hein…

Lévy est dans sa superbe Jaguar dans les bouchons place de la Madeleine à Paris. Il s'ennuie ; il regarde sur sa droite, et reconnaît immédiatement Cohen, son meilleur copain d'enfance, qu'il n'a pas revu depuis son départ de la Tunisie. Cohen est au volant d'une Bentley rutilante.

Il baisse sa vitre et l'appelle :

– Cohen !!! Cohen !!!

Quand il entend son nom, l'autre tourne la tête. Il voit Lévy et il explose de joie :

– Putain de ta race !! Lévy mon frère !!!

Ils descendent tous deux de voiture au milieu des embouteillages pour se serrer dans les bras.

– Mais où t'y étais putain ?! Tu peux pas savoir comme tu m'as manqué... Purée, si je m'attendais aujourd'hui !!!

– Regarde, Lévy mon frère, il y a pas une journée où j'ai pas pensé à toi... C'est incroyable, je suis tellement content...

– Et moi alors !!! Dis-moi, mon Cohen, t'y as des nouvelles d'Atlan ? Lui, c'est comme toi, j'ai cherché partout à avoir de ses nouvelles, j'ai jamais pu en avoir... Tu te souviens comme on était unis comme les doigts de la main ?

– Comment, tu me demandes à moi si j'me souviens ?! Comme des frères on était !! Non, j'en ai pas non plus, j'espère qu'il va bien, meskine... Bon raconte-moi, comment tu vas, mon ami ?

– Quoi je te raconte ? Tu crois que tu vas te débarrasser de moi en dix minutes ? Rien du tout, mon vieux ! On va pas rester là comme des clochards à parler au milieu de la rue ! Regarde, il est midi et demi, viens, on gare les

bagnoles, et on va manger chez Lucas Carton, c'est juste à côté...

– Grave ! T'y as raison, comme ça on va pouvoir tout se dire... Comment je suis content, la vérité !

Au moment où ils s'apprêtent à rejoindre leurs voitures, ils aperçoivent un vélo qui slalome entre les voitures, et sur le vélo, leur ami Atlan. Lévy et Cohen poussent des cris de joie en le voyant. Atlan reconnaît à son tour ses amis d'enfance et laisse tomber son vélo par terre pour improviser une danse de joie avec ses potes, au milieu de la place de la Madeleine.

– C'est le bon Dieu qui nous réunit aujourd'hui ! Sur la Torah, avec Lévy on vient de se retrouver, et on parlait de toi il y a trois minutes !

– Putain, c'est un signe ! On vient de décider d'aller manger chez Lucas Carton avec Cohen pour fêter nos retrouvailles. Allez, tu viens avec nous, on t'embarque ! On a tellement de choses à se raconter...

À ce moment, Atlan semble contrarié :

– Non, mes amis, mes frères, je peux pas venir avec vous, on se reverra à un autre moment si Dieu veut...

Lévy regarde Cohen, qui semble aussi interloqué que lui, avant de s'adresser à Atlan :

– Comment tu peux pas ? T'y es malade ou quoi ?!! Quarante ans qu'on s'est pas vus, et toi, tu nous dis : « Une autre fois » !!!

Atlan, encore plus gêné, regarde ses copains et leur dit :

– Comprenez-moi, mes amis... Moi j'ai rien réussi dans ma vie. Vous, grâce à Dieu, ça a l'air de marcher. Toi, Lévy, tu roules en Jaguar, et toi, Cohen, t'y es en Bentley. Moi, regardez ! Je suis en vélo. J'ai pas les moyens, mes amis, d'aller chez Lucas Carton... Et croyez-moi, j'en suis désolé...

Cohen regarde Lévy en souriant et, toujours avec ce sourire gentil, il regarde Atlan et lui dit :

– Et c'est pour ça que tu viens pas ?!! Mais viens, tu manges pas, mais tu viens !!!

Une épitaphe :

« Ici, gît Elie Rosenblum... Mais la vente continue au 128, rue d'Aboukir ! »

Simon Tolédano est un modeste commerçant. Il est honnête, sage et pieux. Tous les matins que Dieu fait depuis trente ans, il dit sa prière, et depuis toujours il ajoute à la fin : « Mon Dieu, fais que je gagne au loto. » Dieu, sensible aux qualités de Simon, s'adresse un jour à lui en Sa grande bonté : « Simon Tolédano, mon fils ! Je veux bien te faire gagner au loto... mais joue !!! »

Un vieux pied-noir arrive au guichet de la gare de Lyon à Paris.

– Bonjour, monsieur. Voilà, demain, c'est notre anniversaire de mariage, à ma femme et moi. On fête nos quarante ans de vie commune...

Le guichetier, pressentant la demande du vieil homme, lui adresse alors, un peu contraint :

– Félicitations, monsieur...

– Merci. Alors voilà, ma femme, ça fait quarante ans qu'elle me saoule avec Cannes... Et Cannes par-ci, et le festival de Cannes par-là, et Cannes, c'est le vrai stan-

ding, qu'est-ce que j'aimerais aller là-bas... Bon, bref, puisque c'est notre anniversaire de mariage, j'ai décidé de l'emmener à Cannes. Alors, je suis venu pour vous demander combien ça coûte, l'aller-retour pour Cannes, juste pour le week-end, pour deux vieux comme nous qui n'avons pas beaucoup d'argent ?

Le guichetier tapote sur son clavier d'ordinateur et lui répond :

– En deuxième classe, j'ai un départ vendredi à dix-sept heures, avec un retour le dimanche à vingt et une heures pour deux cent trente euros, monsieur.

– Pour combien ?!! Monsieur, c'est peut-être la première fois que j'y vais, mais si ça nous plaît, et je suis sûr que ça va nous plaire, on reviendra, vous savez... Vous pouvez pas faire un petit effort ?

Le guichetier est agacé, d'autant plus qu'une queue est en train de se former derrière son client.

– Non, monsieur, je vous ai déjà donné le meilleur tarif disponible.

– Vous savez que si ça nous plaît, peut-être que je vais louer ou acheter une maison là-bas ? Et alors là !

Attention, hein ! C'est plus la même chose, parce que j'ai des enfants et des petits-enfants, ce sera plus deux billets mais dix ou douze, et tellement on ira souvent qu'il faudra que je prenne un abonnement pour tout le monde, et je vous assure que si vous faites un gentil geste, je viendrai vous voir, vous personnellement, pour vous les acheter…

Le guichetier, qui a perdu patience :

– Écoutez, monsieur, c'est les tarifs de la SNCF ici, moi je peux rien faire, je ne suis pas un marchand de tapis, OK ?!

– OK… Prenez-le comme ça… Vous croyez peut-être que vous êtes la seule gare de Paris ?!!

Un jeune homme ashkénaze monte dans le train qui relie Cracovie à Varsovie, il s'assoit en face d'un vieil homme habillé comme lui (l'uniforme que vous connaissez déjà).

À peine assis, il demande l'heure au vieil homme qui tourne la tête, désireux de lui montrer qu'il n'a pas envie de lui répondre. Le jeune homme insiste alors, sans plus de succès.

Tout le trajet se déroule sans que les deux hommes ne s'adressent la parole.

Dès l'instant où le train s'arrête en gare de Varsovie, le vieil homme sort une montre à gousset de sa poche et dit au jeune homme :

– Il est sept hére moins le quart.

– Jé sais qu'il est sept hére moins le quart, le train il dévait arriver à sept hére moins le quart... Pourquoi quand jé vous ai démandé au départ di train, vous me l'avez pas répondi ?

– Pourquoi jé té l'ai pas répondi ?! Parcé qué j'ai pas envie dé faire la conversation avec toi... Et si jé té l'avais répondi, ti aurais engagé la conversation avec moi...

– Et jé pé savoir pourquoi vous l'avez pas envie dé faire la conversation avec moi ?

– Parcé qué très vite ti vas mé dire qué tu viens dé terminer tes études à Cracovie, et qué ti viens t'installer à Varsovie...

– Oui, c'est vrai...

– Voilà ! Et ti vas mé dire qué ti l'es jeune boulanger ou charcutier...

– Oui ! C'est vrai, jé suis jeune charcutier, comment vous savez ?!

– Voilà... Et très vite ti vas mé démander si jé connais un charcutier à Varsovie... Évidemment que jé connais un charcutier à Varsovie, ça le fait quarante ans qué jé vis à Varsovie... Comme jé vé té trouver sympathique, jé vé mé sentir obligé dé té lé présenter... Il va t'engager... Tellement ti vas bien travailler, en quelques sémaines ti vas passer prémier commis, et comme cé brave type, il n'a pas eu dé fils, et qu'il est déjà vieux, il va té démander de réprendre lé magasin... Toi ti vas vénir à ma porte pour mé rémercier, c'est ma fille Rebecca qu'elle va venir t'ouvrir, tellement qu'elle est belle ti vas tomber amoureux d'elle, et moi jé vais donner la main dé ma fille à un type qu'il a même pas une montre !!!

Un vieux rabbin new-yorkais rentre chez lui un soir, et trouve sa fille Jessica, qui a vingt ans, en larmes dans le salon. Le vieil homme, fou d'inquiétude, prend sa fille dans ses bras et lui demande ce qui se passe. Entre deux sanglots, elle lui annonce qu'elle est enceinte. En apprenant une telle nouvelle, le vieil homme frôle la crise cardiaque. Sa fille, pas mariée et enceinte ! Très vite, il passe de la douleur à la colère, et se renseigne sur l'auteur du forfait. Il espère que ce dernier va au moins assumer la situation, et épouser sa fille. Mais les sanglots de Jessica redoublent, elle précise que le père de l'enfant est déjà marié. Fou de colère, le rabbin exige alors le nom et l'adresse de l'homme en question. Avec quelques réticences, sa fille lui révèle qu'il s'agit d'Avy Goldman, le richissime homme d'affaires, régulièrement consacré par le magazine Forbes.

Son sang ne fait qu'un tour, et malgré les protestations éplorées de sa fille, le vieux rabbin monte dans sa vieille voiture et décide d'aller trouver le fameux Goldman.

Sur la Cinquième Avenue, il arrive devant un premier building sur lequel est écrit « Goldman Trading », puis devant un second où il est écrit « Goldman Council » et enfin sur un troisième où il est écrit : « Goldman Directory ». Il se gare à la va-vite, et pénètre dans le dernier building comme un forcené, consulte très rapidement l'étage où se trouve Avy Goldman, et, sans même prêter attention aux interpellations du concierge, se jette dans l'ascenseur.

Arrivé au dernier étage, une secrétaire, vraisemblablement avertie par le concierge, l'attend de pied ferme. Elle lui demande qui il veut voir et pourquoi, il hurle son identité et sa fonction, et il exige de voir Avy Goldman sur-le-champ. Alors que la secrétaire essaye de se débarrasser de l'intrus, Avy Goldman, qui a tout entendu de son bureau, vient vers eux. D'un sourire aimable il congédie la secrétaire, et, d'une voix très douce, invite le vieux rabbin à entrer dans son bureau.

Tout de même un peu impressionné par le charisme de l'homme et la taille de son bureau, le vieux rabbin s'apprête à demander des explications. Mais Avy Goldman le coupe immédiatement dans son élan :

– Je sais ce qui vous amène, cher monsieur, j'ai appris la nouvelle par votre fille il y a quelques heures à peine. Je suis bouleversé... Je suis bouleversé parce que je suis tombé très amoureux de votre fille. Malheureusement, je suis marié...

– Jistement, jé suis véni pour ça, c'est ine honte !

– Laissez-moi terminer, je vous prie, cher monsieur... Voilà, pour dédommager votre fille, j'ai pensé lui verser immédiatement la somme d'un million de dollars, ainsi qu'à vous et à votre épouse. Si jamais, comme elle me l'a laissé entendre, elle décide de garder notre enfant, après l'avoir reconnu, je verserai à nouveau la somme d'un million de dollars de façon que votre fille puisse s'installer et que l'enfant ne manque de rien dans ses premiers mois. Ensuite, je verserai la même somme tous les ans, jusqu'à son entrée à l'université. Je 8prendrai bien sûr tous les frais à ma charge... Voilà, j'ai fait préparer tous les papiers par mon avocat, le contrat sera prêt à être signé demain midi. En contrepartie, je ne vous demanderai qu'une seule chose, à vous et à votre fille, c'est de garder le silence afin d'éviter un scandale qui ferait souffrir ma propre famille... Est-ce que cela vous paraît raisonnable, rabbi ?

– Effectivément, ça mé paraît raisonnable, méssieur Goldman... Nous nous réverrons donc démain...

Un peu KO, le rabbin se lève mais, avant de franchir la porte du bureau, il se retourne vers Avy Goldman :

– Excusez-moi, méssieur Goldman… Il y a un pétit détail que l'on n'a pas vi…

– Je vous en prie ?

– Si jamais ma fille, elle fait la fausse couche ?

Raymond Barka ne parvient pas à dormir, il se tourne et se retourne sans cesse jusqu'à réveiller sa femme Rachel :

– Bon qu'est-ce que t'y as, Raymond ?

– Rien, rien, rendors-toi…

– Tu crois que je te connais pas ?! Tu vas me répondre immédiatement : pourquoi t'y arrives pas à dormir ?

– Bon, c'est parce que le mois dernier j'ai emprunté dix mille à Choukroun, je lui avais promis de lui rendre demain, et je peux pas, j'ai trop d'échéances…

– Et c'est pour ça que tu dors pas ?

Rachel se lève d'un bond et va ouvrir la fenêtre. Elle commence à crier pour réveiller Choukroun qui habite l'appartement d'en face :

– Choukroun !!!. Choukroun !!!

L'autre, alerté par les cris, arrive à la fenêtre, affolé :

– Mon Dieu, qu'est-ce qui se passe, Rachel ?! Il y a le feu ?

– Non, c'est pas ça du tout ! Je voulais juste te dire que Raymond, demain, il peut pas te les rendre, tes dix mille.

Elle ferme la fenêtre, et se retourne vers son mari :

– Maintenant dors, c'est lui qui dort plus !

69

Trois Juifs sortent de boîte de nuit, au petit matin, ivres morts. Le premier dit à ses copains :

– Oh, putain, je suis dans un état... Ma femme a pas fini de m'engueuler ! Pour la calmer, je vais lui acheter les Galeries Lafayette, avec tout l'oseille qu'elle y dépense chaque mois, au moins elle investira chez moi...

– Putain, c'est une superidée !! Et moi, pour pas me faire prendre la tête, je vais lui offrir le Printemps et Carrefour...

– Oh, la vache ! Vous devez être aussi bourrés que moi, mais je vous le dis quand même, les gars : je suis pas vendeur...

David Cohen a un contrôle fiscal. Après quelques jours, le contrôleur, excédé, convoque Cohen dans son bureau :
– Monsieur Cohen, j'aimerais bien que vous cessiez de me prendre pour un abruti, parce que je vous préviens, ça va vous coûter cher, très cher...
– Alors là, cher monsieur, je ne comprends pas de quoi vous me parlez.
– Très bien, alors, voilà : vous vous déclarez gérant d'une SARL à mille huit cents euros par mois, n'est-ce pas ?
– C'est tout à fait exact, monsieur le contrôleur.
– Bien, alors, vous allez m'expliquer comment vous êtes devenu propriétaire de votre appartement de deux cent cinquante mètres carrés avenue Foch à Paris, puis de votre haras à Deauville, ainsi que de votre immense maison en bord de mer à Saint-Tropez. Et je vous fais grâce de la Porsche avec laquelle vous vous déplacez, et du

Range Rover de votre épouse... Vous pensez peut-être que vous allez pouvoir m'expliquer ça ?

– Absolument, monsieur le contrôleur, c'est extrêmement simple.

– Je vous écoute.

– Alors, voilà : une nuit que je dormais chez ma mère, il y a dix ans environ, j'ai fait le rêve que, au pied du chêne qu'elle a dans son jardin, il y avait un trésor. Vous vous doutez qu'au lever, très perturbé par ce joli rêve, je me décide d'aller quand même jeter un coup d'œil au pied de cet arbre... Bon, c'était qu'un rêve mais quand même ! Je m'suis dit : « On sait jamais ! » Alors, j'ai commencé à creuser... Et vous allez pas me croire, monsieur le contrôleur, à peine j'ai commencé à creuser que j'ai senti du dur sous la pelle. Il y avait vraiment un trésor là, putain, j'étais le plus heureux des hommes ! Chez ma mère, là ! On dormait tout près depuis des années !

– C'est une très jolie histoire, monsieur Cohen, mais vous avez la preuve de tout ça ?

– Bien sûr ! Et alors ?! Comment vous croyez que j'ai eu l'avenue Foch, Deauville, Saint-Tropez...

Freddy rentre précipitamment chez lui au beau milieu de l'après-midi. Sa femme, occupée à la cuisine, et inquiète de le voir à la maison en pleine journée, lui demande ce qui lui arrive. Sans répondre, et armé d'un marqueur, il se jette sur tous les tableaux de maîtres qu'ils possèdent, accrochés dans le salon. Il raye grossièrement les signatures et écrit en gros : « Simone Bellaïche ».

Complètement affolée, sa femme se met devant lui :

– Freddy !!! Arrête ! Qu'est-ce que tu fais ?! Ces tableaux valent des millions ! T'y es devenu fou ou quoi ?!!!

– Pousse-toi ! Non, je suis pas devenu fou ! Mais j'ai un contrôle fiscal, et je vais les niquer parce que je mets tout au nom de ma mère !

Henri Abitbol est un grossiste au bord de la faillite. Ses affaires sont au plus mal lorsqu'il reçoit le coup de fil qui peut changer sa vie. Un riche Américain, qui était venu dans ses locaux quelques jours plus tôt, veut commercialiser un de ses modèles. Il lui donne rendez-vous dans l'heure, sur les Champs-Élysées, car il s'apprête à repartir. L'Américain veut lui passer une commande d'un peu plus d'un million de dollars pour les nombreux magasins qu'il possède aux États-Unis.

Henri saute dans sa voiture et se retrouve très vite bloqué rue de Rivoli. Il panique en imaginant les conséquences dramatiques d'un retard à ce rendez-vous. Arrivé sur les Champs, il ne lui reste que très peu de temps, et il commence à prier pour trouver une place :

– Mon Dieu, je sais que toute ma vie j'ai pas été un saint. Mais ce rendez-vous-là, il faut pas que je le rate, putain ! Si jamais j'arrive à l'heure et qu'il signe, je te jure, mon Dieu, que si tu me trouves une place, avec l'argent que je vais gagner, je donnerai dix mille euros à la synagogue, je ferai tous les shabbats, et puis je donnerai aussi dix mille euros à une association pour les pauvres... Mon Dieu, faut vraiment que je puisse me garer... Tiens, j'enverrai aussi dix mille euros pour aider l'État d'Israël et puis aussi...

À ce moment précis, juste devant lui, une voiture libère une place.

– OK, c'est bon, mon Dieu, te dérange pas, il y a un type qui vient de me laisser sa place...

Une grand-mère juive tricote sur la plage de Deauville en surveillant son petit-fils qui joue au bord de l'eau. Soudain, une violente vague saisit le gosse et l'engloutit. La grand-mère voit la scène, se met à genoux avec un sang-froid hors du commun et s'adresse à Dieu :

– Mon Dieu, c'est pas normal. Je suis juive depuis soixante-quatorze ans. J'ai jamais raté un shabbat, j'ai fait toutes les fêtes que Tu as ordonnées, j'ai élevé mes enfants dans Tes traditions et Tes lois, et ils ont fait la même chose avec les leurs. J'ai tenté toute ma vie de faire le bien autour de moi dans le respect de Tes valeurs... Et à moi Tu me prends mon petit-fils ?!!

À ce moment-là, une vague identique à la précédente déferle sur la plage, ramenant l'enfant sur le sable, qui se relève pour courir vers sa grand-mère.

Elle reprend sa prière :

– Mon Dieu, je voudrais pas abuser, mais il avait une casquette neuve...

Trois rabbins se promènent et passent devant une église. Leur regard est attiré par une petite pancarte qui dit : « L'Église offre mille euros à qui se convertit au catholicisme. »

Les rabbins n'en reviennent pas :

– C'est complètement fou ! Mille euros pour une conversion au catholicisme !

– Pfff, je suis sûr que ce sont des blagues !

– Je veux connaître la vérité, ne bougez pas, je vais voir !

Le troisième rabbin entre dans l'église. Les deux autres l'attendent pendant une longue heure puis le voient enfin ressortir :

– Alors ? C'est vrai, cette histoire de mille euros ?

Le rabbin répond, agacé :

– Oh, vraiment ! Vous, les Juifs, vous ne pensez qu'à l'argent !

LES JUIFS ET LA PARANOÏA

Vous voyez, on peut essayer d'exhumer des raisons historiques, ou des vieilles légendes, pour expliquer l'antisémitisme. Dont le fameux amalgame : tous les Juifs aiment l'argent. Ils l'ont amassé, l'amassent et l'amasseront coûte que coûte. Admettons, puisque cela fait rire tout le monde, les Juifs les premiers.

Voyez, ce qui est franchement chiant pour moi, c'est que mon rire n'est vraiment franc que quand je suis sûr du narrateur. Quand il est juif, naturellement, l'histoire me fait rire. Quand c'est un très bon pote non juif, bon, c'est mon ami, je rigole. Mais quand il n'est ni un Juif ni un ami, je ris, mais j'ai un doute nauséabond dans un coin de la tête. C'est fatigant.

Une histoire juive serait, suivant son auteur, soit une histoire drôle, soit une blague antisémite ? Non, je ne me résoudrais pas à résumer les choses ainsi, ce serait trop con. Et le rire se partage en frères.

Je viens de vous prouver à l'instant que je suis séfarade. L'image du Juif vorace et radin alimente depuis longtemps la propagande antisémite. Cette image a fait une intrusion plus ou moins violente dans l'inconscient collectif.

Pourtant, les mentalités évoluent... En effet, vous qui me lisez, vous consentirez avec moi que le reproche récurrent que l'on fait aujourd'hui à la communauté, c'est le bling-bling ! L'ostentation provoque à son tour une certaine inimitié...

Ainsi, peut-on découper l'antisémitisme en plusieurs périodes ! Autant dire que nous assistons à des phénomènes de mode : mépriser l'Israélite parce qu'il est radin, c'est ringard ; aujourd'hui, pour être dans le ton, il faut lui reprocher de dépenser son argent.

Quel est le seul endroit au monde où un Juif jette son argent par les fenêtres ?

Au péage de Deauville.

En pleine nuit, Jean-Luc Mathieu est perdu en rase campagne, au volant de sa voiture. Soudain, une étrange silhouette, debout devant ses phares, lui demande de s'arrêter. Alors que Jean-Luc sort de sa voiture pour demander son chemin, il s'aperçoit que son interlocuteur est un extra-terrestre. Ce dernier s'adresse à lui avec une drôle de voix électronique :

– Bonjour, ami terrien. Nous venons d'atterrir avec notre vaisseau, le BZX 528. *Nous venons en paix, pour découvrir votre merveilleuse planète.*

Jean-Luc n'en croit ni ses yeux ni ses oreilles et engage une conversation avec l'alien.

– Mais, alors, vous avez tous trois nez sur votre planète ?

– Oui, Terrien. C'est la raison pour laquelle nous avons de très grandes capacités olfactives.

– Incroyable ! Et vous avez tous six mains de cinq doigts ?

– Oui, Terrien. Et nous avons développé une parfaite maîtrise de chacune d'entre elles…

– C'est fou ! Et alors, j'imagine que l'or doit être facile à trouver sur votre planète, vu que vous avez des bagues

de ce métal à tous les doigts (trente en tout). Tout le monde a ça aussi sur votre planète ?

– Non, Terrien. Seulement les Juifs.

Le Juif n'a le droit ni d'économiser ni de dépenser. Donc, vaudrait mieux qu'il ne gagne rien du tout. Juif et pauvre, génial, que des avantages.

Il y a quand même de quoi devenir parano.

Parlons-en, de la parano. Elle est l'argument majeur de ceux que j'appelle les « bords cadres », c'est-à-dire pas les antisémites, oh, non, mais pas loin quand même ! On en compte quelques beaux spécimens. Ce sont les apprentis, les pas-encore, ceux qui osent très courageusement vous avouer qu'ils se posent des questions, des questions intelligentes.

« Attends, Philippe, tu ne peux pas nier qu'il y a des Juifs qui voient des antisémites partout !!! »

Mais il y en a partout ! Et on ne peut pas les reconnaître tout le temps ! Parano, parano, moi ? Attendez, quand on s'est bouffé des siècles de saloperies, moi, je trouve normal de garder toujours un œil ouvert. Demandez au mec qui s'est fait cambrioler cinquante fois sa maison s'il continue à dormir à poings fermés et sans alarme !

Alors, moi qui suis à la fois et un acteur et un Juif, j'ai un terrain plus que favorable à la pathologie. Mais je vais m'efforcer d'apprendre à extraire la substantifique moelle de la parano : la vigilance. C'est pas facile du tout ! Comme je déteste l'injustice, ça devrait me simplifier la tâche. Car il faut combattre de la même manière les faux procès. Traiter un type d'antisémite, c'est aussi grave que d'en traiter un autre de sale Juif.

Simon est nouvellement employé dans une très grosse société au poste de directeur des ressources humaines. Mais il donne déjà sa démission au président de l'entreprise. Ce dernier, surpris, le reçoit immédiatement :
– Qu'est-ce qui vous arrive, Simon ? Vous venez à peine d'intégrer notre compagnie, et déjà vous me donnez votre démission ?

– Oui, président. Je ne peux pas travailler ici, tous vos collaborateurs sont antisémites.

– Comment ça, tous mes collaborateurs sont antisémites ?

– Oui, ils le sont tous.

– Écoutez, Simon, je veux bien croire que, dans le lot de tous mes collaborateurs, il y ait, comme partout, deux ou trois personnes qui n'aiment pas trop les Juifs, mais de là à vous laisser dire qu'ils le sont tous...

– Ils le sont tous, monsieur le président.

– Mais, enfin, pourquoi dites-vous ça ?

– Parce que je leur ai fait faire un test.

– Et quel test je vous prie ?

– Je leur ai demandé : « Quelle serait votre réaction si on tuait tous les Juifs et tous les coiffeurs ? »

– Les coiffeurs ? Pourquoi les coiffeurs ?

– Ah, vous voyez, vous aussi !

Je suis tout à fait d'accord pour affirmer que chaque petit Juif qui naît hérite d'une sacrée prédisposition à la paranoïa hystérique. Celui qui a déjà pris un vol El Al sait de quoi je parle. Le mec de la sécurité à l'aéroport va jusqu'à vous demander, et ça n'a pas du tout l'air d'être une blague, si votre mère a touché vos bagages avant votre départ. En gros, il vous demande de réfléchir à l'éventualité que votre propre mère ait glissé une bombe dans votre valise. Est-ce que tu penses que ta maman aimerait te tuer ? Si ça, c'est pas la synthèse de la paranoïa...

Cela dit, c'est vachement difficile d'arrêter d'être parano, c'est comme d'arrêter d'être juif. Il y a toujours un Le Pen ou un Dieudonné pour réveiller vos angoisses.

On a même parfois affaire à des cas d'antisémitisme accidentels. Et ceux-là sont pénibles, parce qu'on sait, en tout cas, on suppose de tout son cœur, qu'ils n'ont pas été provoqués sciemment. Prenez un film qui démarre avec un scénario « gentiment » antisémite : les Juifs ont de l'argent, ils sont riches. Les films perdraient-ils en qualité si les Juifs se contentaient d'être de modestes gens ?

Dans ces moments-là, franchement, c'est chiant d'être juif. Vous vous rendez compte ? Vous vous sentez obligé d'expliquer à votre entourage que le film qu'ils ont adoré, et qui à leurs yeux défend de vraies valeurs, est un film antisémite. Ils finiront, pour vous faire plaisir et surtout pour changer de conversation, par admettre que vous avez raison. Parce qu'au fond ils s'en foutent. Et ils n'ont pas franchement tort. Ils diront à leurs bonnes femmes, une fois partis de chez vous : « Mais

oui, mais bon, faut comprendre, il est juif, il voit des trucs antisémites partout... C'est pas grave, à part ça, on a quand même passé une bonne soirée, non ? »

Voilà, on est juif, parano et chiant...

Un Juif, les vêtements déchirés, prie en haut d'une montagne où le vent fait rage. Il hurle ses prières en pleurant :

– Mon Dieu, pourquoi Tu m'as fait ça ?!!! Je suis ruiné, je travaille comme un fou depuis quarante ans et je suis ruiné ! Mon Dieu, pourquoi Tu m'as fait ça ?!!! Ma femme est très malade, elle va bientôt mourir ! Mon

Dieu, pourquoi Tu m'as fait ça ?!!! Mon fils, il est homosexuel, et veut aller se marier en Hollande avec un travesti ! Mon Dieu, pourquoi Tu m'as fait ça ?!!! Ma fille, elle se drogue à l'héroïne et fait le tapin ! Mon Dieu, pourquoi Tu m'as fait ça ?!!!
Un éclair jaillit du ciel et la voix de Dieu se fait entendre :
– Parce que tu m'énerves !!!

Mais tout de même, je repense au type de la sécurité d'El Al. Vous interroger sur votre mère. C'est à croire que le mec est pas juif. Il m'interroge sur ma mère. Ou alors il sait que la mienne ne l'est pas ? Oh, putain, ça y est, ça me reprend ! Non, il peut pas savoir... Et puis de toute façon, s'il la connaissait, il saurait que ma mère est une mère juive à deux cents pour cent ! Mais ce serait trop long d'en parler maintenant, ce sera un jour l'objet d'un autre livre, si Dieu le veut. Et puis de toute façon, il pose la question à tout le monde...

LES MÈRES JUIVES

Au moins, les histoires sur les mères juives réconcilient tous les clans. Enfin un sujet qui fait rire tout le monde ; les histoires sur les mères juives ne peuvent pas être taxées d'antisémitisme, même pour un mec qui travaille à la sécurité d'El Al. Ce ne sont que des histoires d'amour.

Une mère juive appelle la gare de Lyon :

– Bonjour, monsieur, il arrive à quelle heure, le train de mon fils ?

Trois mères juives sont assises sur un banc. La première dit aux deux autres :

– Mon fils, l'avocat, vous savez tellement il m'aime ce qu'il fait ? Tous les vendredis soir pour shabbat, non seulement il vient à la maison, mais il arrive systématiquement avec un bouquet de cinquante roses !

La deuxième rebondit :

– C'est très gentil, mais moi, mon fils, le médecin, en plus qu'il m'appelle tous les jours, tous les mois, il me paye une semaine de vacances dans un grand hôtel, tellement il a peur que je m'ennuie !

Enfin, la troisième :

– Eh ben, moi, mon fils, l'écrivain à succès, tellement il m'aime, tous les trois jours, il donne cent euros à un type rien que pour parler de moi !

Un psychiatre convoque madame Allouche. Il lui explique que son jeune fils de dix-huit ans souffre d'un énorme complexe d'Œdipe, qui, faute de l'en guérir, aura des conséquences désastreuses dans sa future vie d'homme.

Madame Allouche l'interrompt brusquement :

– Qu'il ait un complexe, j'en ai rien à faire ! Moi, ce que je veux, c'est qu'il aime sa mère !

C'est l'anniversaire de David. Sa mère lui offre deux cravates. Une rouge, une jaune. Parce que sa mère insiste, et pour lui faire plaisir, il va dans sa chambre pour mettre une des cravates. Alors qu'il ressort avec la cravate rouge, sa mère le voit et prend soudain une mine contrariée. Inquiet, il lui demande :

– Qu'est-ce qu'il y a, maman ? J'ai mis la cravate rouge que tu viens de m'offrir !

– Oui, j'ai compris ! La jaune, elle te plaît pas !

Moshé appelle sa mère :

– Allô ?... Oui, maman, c'est moi, ça va ?

– Oui, bonjour. Je vais bien et toi ?

– Ah ? Excusez-moi, madame, j'ai dû me tromper de numéro...

Une jeune femme appelle sa mère.

– Maman, ça ne va pas du tout.

– Qu'est-ce qui se passe, Yaëlle ma fille ?!

– Maman, je vais divorcer.

– Comment ça, tu divorces ? Mon Dieu, mais c'est atroce ! Pourquoi il veut divorcer de ma fille mes yeux ?!

– C'est pas lui, maman, c'est moi.

– Quoi ? Mais qu'est-ce que tu racontes, ma fille ? Ça y est, t'y es devenue folle ?

– Maman, je ne peux pas t'expliquer, mais j'en peux plus, je vais demander le divorce.

– Comment ça, tu peux pas m'expliquer ?! Mais, moi, je veux que tu m'expliques !

– Ne me demande pas l'impossible, maman, je ne peux pas t'expliquer, j'ai des raisons intimes.

– Ma fille, j'ai soixante ans, moi aussi, j'ai eu des choses intimes dans ma vie. Je t'ai pas eue par l'opération du Saint-Esprit. Je suis même une experte en intimité, surtout quand il s'agit de ma fille. Alors, tu vas m'expliquer et tout de suite !

– Pfff ! C'est gênant. Bon, ben, si tu veux savoir vraiment...

– Oui !

– Eh bien, si j'essaie de trouver une image... Je te dirais que, au début de mon mariage, mon anus, il était comme une pièce de cinquante cents, et que deux

ans après, c'est-à-dire aujourd'hui, il est comme une pièce de deux euros... Voilà. J'en peux plus, il ne pense qu'à ça.

– ... Je comprends, ma fille, c'est terrible. Mais dis-moi, Yaëlle ma fille, ton mari, son travail, ça va ? Il est toujours avocat ?

– Ben, oui, maman... Je ne vois pas le rapport avec ce que je viens de te dire...

– Attends, ma fille, attends, je réfléchis... Il a toujours sa Porsche et toi le Range Rover ?

– Oui, mais arrête, maman, je ne te parle pas de ça...

– Attends, ma fille, attends, je réfléchis... Vous habitez toujours vos deux cents mètres carrés avenue Foch, et vous avez toujours votre maison à Ramatuelle et votre chalet à Megève au moins ?

– Oui, mais, maman, je ne te parle pas de ça, tu m'écoutes, oui ou non ?!!

– Oui, je t'ai très bien entendue... Tu possèdes tout ça, et tu nous casses la tête pour un euro cinquante ?!!

Le comble de la mère juive ?

Tu te lèves la nuit pour aller pisser, tu reviens, ton lit est fait.

La station de métro préférée des mères juives ?

La station Monge. Parce que : « Monge, mon fils, Monge ! »

La différence entre une mère juive et une autre ?

Une mère normale dira à son fils : « Mange ou je te tue ! » Une mère juive dira : « Mange ou je me tue ! »

Le fils de Sarah est parti faire carrière aux États-Unis, à New York. Lorsqu'il revient, deux ans plus tard, après s'être fait une belle place à la Bourse, sa mère va le chercher à l'aéroport.

– Ah, mon fils, mon fils ! Mais ma parole, tu as coupé ta barbe…

– Tu sais, maman, à New York, personne ne porte plus la barbe.

– Ah bon, mais tu continues à pratiquer la religion, quand même ? Hein, tu respectes le shabbat au moins ?
– Tu sais, maman, j'ai une bonne place à Wall Street et la Bourse, elle, elle ne s'arrête pas pendant shabbat !
Alors, la mère fronce les sourcils et ajoute :
– Dis-moi, mon fils, tu es encore circoncis au moins ?

À ceux qui s'évertuent encore à rechercher les facteurs de la prétendue réussite sociale des Juifs, je conseillerais de jeter un œil du côté des mères juives. Sans vouloir ajouter de l'eau au moulin de l'antisémitisme, ce serait peut-être, et j'écris bien PEUT-ÊTRE, tout simplement de leur faute, ou plutôt grâce à ces mères que le succès arrive (avec le reste, cela va de soi).

Une mère juive n'en finit plus de raconter à son amie à quel point ses deux fils sont en tout point extraordinaires. Un peu pour couper court, l'amie demande :
– Et quel âge ça leur fait à présent ?
– Eh bien, le chirurgien a six ans et le banquier quatre ans.

Dans un bus, une mère juive se met tout à coup à hurler :

– Y a-t-il un médecin ici, je vous en supplie, est-ce que quelqu'un est médecin ?!!!!

Un homme d'une trentaine d'années se précipite :

– Ne vous inquiétez pas, madame, je suis médecin !

La femme le scrute et lui répond :

– C'est bon, tu viens jeudi à sept heures, je te présente ma fille !

Parce que nous n'allons tout de même pas tomber dans l'excès inverse : bien sûr qu'il y a des Juifs qui réussissent !

Ce que nous savons, c'est que la mère juive peut être étouffante, une vraie source d'épuisement !

Quelle est la différence entre un terroriste et une mère juive ?

Avec un terroriste, on peut négocier !!!

Cohen appelle sa mère :

– Alors, maman, ça va ?

– Bof, mon fils, je me sens bien faible...

– Mais qu'est-ce qu'il t'arrive, tu es malade ?

– Non, mon fils, c'est juste que je n'ai pas mangé depuis vingt-trois jours...

– Mais, maman, qu'est-ce qui t'a pris de ne pas manger pendant autant de temps ?

– Mais, mon fils, je voulais pas avoir la bouche pleine quand tu m'appellerais !

Mais ce que nous ne devons pas oublier, c'est que, du même coup, elle donne des ailes à ses enfants. Et peut-être une double paire d'ailes à ses fils...

La définition d'un génie : c'est un étudiant qui a la moyenne et une mère juive.

Peut-être suffirait-il de remplacer juive par aimante.

Si dès le plus jeune âge votre mère vous persuade que vous êtes le plus beau, le plus fort et le plus intelligent, comment avoir peur de l'avenir ?

Je me souviens d'avoir lu quelque part qu'Albert Einstein, fou de joie après avoir reçu le prix Nobel, avait aussitôt téléphoné à sa mère pour lui dire : « Maman ! On a eu le prix Nobel ! »

À une infinie moindre mesure, ma maman à moi m'a définitivement ouvert les portes de l'optimisme en me disant, alors que j'avais dix-huit ans, et que je venais de rater mon bac, et que j'étais face à mon premier échec : « Ne t'en fais pas trop, mon chéri, je sais que tu seras un jour un grand bonhomme... » Convaincu de le devenir un jour, me voilà en train d'écrire des livres.

Merci, maman, toi qui seras, comme d'habitude, ma première lectrice.

On devrait interroger tous les grands types du monde, quelles que soient leur couleur, leur race ou leur religion, sur leur rapport avec leurs mères. Ma main à couper que beaucoup d'entre eux ont grandi avec des mères juives...

Jésus-Christ lui-même n'a pas échappé à la règle : tout petit déjà, sa mère lui disait qu'il était le fils de Dieu.
Il a toujours cru que sa mère était vierge.
Il a monté une multinationale encore en activité.

Jacob téléphone à son fils à Paris :
– David, j'ai une nouvelle à t'annoncer. Je t'en parle parce que tu es l'aîné et que tu dois savoir. Voilà... ma décision est prise, je vais demander le divorce d'avec ta mère !
David a l'impression que le ciel lui tombe sur la tête. Il demande à son père :
– Mais pourquoi ? Vous vous êtes disputés ?...
– Je ne veux pas en parler. Et, de toute façon, je ne reviendrai pas sur ma décision !
– Mais, papa, tu ne peux pas décider du jour au lendemain de divorcer ! Pas après quarante-six ans de mariage ! Il faut que je sache, que s'est-il passé ?

– Non, mon fils, c'est trop douloureux, je ne veux pas t'expliquer. Je t'ai simplement appelé pour te le dire parce que tu es mon fils, et que je pensais que tu devais être au courant. Maintenant, je voudrais qu'on arrête de parler de tout ça. Tu n'as qu'à appeler ta sœur et lui en parler. Moi, ça me fait trop de peine.

– Mais… Où est maman ? Je veux lui parler !

– Elle n'est pas là et je ne lui ai pas encore annoncé. Crois-moi, ça n'a pas été une décision facile à prendre. Je me torture l'esprit depuis plusieurs mois mais, aujourd'hui, ma décision est prise. Je vais chez l'avocat demain.

– Papa, calme-toi, s'il te plaît. Je saute dans le premier TGV et j'arrive. Ne fais rien que tu puisses regretter et attends-moi.

– Bon, si tu veux. Tu sais, demain, c'est Pessah, je vais reporter le rendez-vous chez l'avocat. Maintenant, appelle ta sœur et annonce-lui. Je ne veux plus parler de ça au téléphone !

Dix minutes plus tard, Jacob reçoit un appel de sa fille. Elle prend le train et sera là demain matin.

Une fois qu'il a raccroché, il se tourne vers sa femme et lui dit :

– Je te préviens, Rebecca, c'est la dernière fois que tu me forces à faire des choses pareilles pour avoir les enfants à Pessah !

Jim Goldblum vient d'être élu président des États-Unis. Il appelle sa mère, qui vit en Israël, pour lui demander de venir assister à son discours d'investiture.

– Maman, il faudrait que tu sois là demain soir.

– Jim, ma fils, je suis pas sire qu'il y aura encore ine place dans l'avion, et s'il y en a, il faut savoir à quel prix…

– Maman, ne t'inquiète pas pour ça, je vais t'envoyer Air Force One, c'est l'avion présidentiel.

– C'est gentil, ma chéri, mais de l'aéroporte, comment jé dois faire pour aller jusqu'e dans le centre-ville, on lé trouve des taxis facilement ?

– Mais enfin, maman, j'ai un chauffeur qui t'attendra en limousine.

– Ti l'es tellément mignon… Et ti crois qué jé vais trouver un hôtel qui lé séra pas trop loin dé ton travail ?

– Maman, je t'en prie ! Tu vas dormir avec nous à la Maison-Blanche, et tu seras avec nous tout le temps.

– Bon d'accord, ma chéri.

Le lendemain soir, Jim Goldblum s'apprête à prendre la parole devant une assemblée de gens qui constitue l'élite américaine, et en direct devant toutes les caméras de télévision du monde. Il a assis sa mère au premier rang, qui, pour l'occasion, s'est vêtue de sa plus belle robe. Le discours commence sous l'ovation de la foule. La maman s'adresse à son voisin qu'elle ne connaît pas :

– C'est ma fils, le président.

– Vous devez être fière, madame, c'est un grand homme !

– Oui, et son frère, il est médecin.

Dans un monde parfait, il faudrait que cette relation fusionnelle entre un fils et sa mère s'arrête à un âge raisonnable, par exemple quand le fils se marie. Mais nous ne vivons pas dans un monde parfait. Et un jour arrive où les mères deviennent aussi des « belles-mères ».

Dans le film *La Vérité si je mens !*, il y a ce passage formidable, et finalement très juste, où le personnage d'Élie Kakou s'apprête à se coucher avec sa fiancée (elle est interprétée par Aure Atika). Soudain, quelqu'un sonne à la porte de leur appartement. Comme il est déjà tard, Élie Kakou s'étonne et demande à sa fiancée :

– T'attends quelqu'un ?

– Non.

Mais qui ça peut être à cette heure-là ?

– C'est peut-être ta mère ?

– Pff... Mais non, elle a les clés...

Sacrée problématique pour une femme, d'être sans cesse obligée de plaire non seulement à son homme mais aussi à sa mère. Les deux n'ayant naturellement pas toujours les mêmes critères de sélection.

Une jeune mariée juive va consulter un psychothérapeute. Au praticien qui l'interroge sur la raison de sa visite, elle répond qu'elle est désemparée face aux réactions de son époux. Quoi qu'elle fasse, il trouve toujours le moyen de comparer ce qu'elle fait à la façon de faire de sa mère, et naturellement sa mère fait mieux.

« Sa mère fait mieux ci, sa mère fait mieux ça... » Elle n'en peut plus et frôle la dépression.

Le praticien, naturellement juif lui aussi, sourit à l'évocation du problème. Très calmement, il lui explique qu'elle n'a qu'une seule chose à faire pour le détacher progressivement de sa mère : le guider sur un terrain qui ne peut pas souffrir de comparaison avec elle, à savoir le sexe.

Une fois conquis sexuellement, son mari s'éloignera de sa mère. La jeune mariée, convaincue mais inquiète, lui demande timidement comment s'y prendre. Le thérapeute lui conseille alors d'aller sur-le-champ s'offrir de quoi affoler son mari. Sitôt dit, sitôt fait, l'épouse motivée court s'acheter de la lingerie fine dans une boutique spécialisée.

Le soir même, à l'heure où son homme est censé rentrer du travail, elle l'attend, alanguie dans le canapé, dans une position des plus suggestives. Elle est vêtue d'un peignoir noir, entrouvert de façon à rendre visibles un soutien-gorge et des porte-jarretelles assortis, que complètent des escarpins, noirs eux aussi.

Soudain, elle entend les clés dans la porte. Son mari entre et découvre sa femme, ainsi vêtue, en train de fumer nerveusement une cigarette. L'homme s'arrête net, regarde sa femme, l'air affreusement angoissé, et lui lance :

– Qu'est-ce que tu fais tout en noir ?!!! Il est arrivé quelque chose à maman ?!!!

David, six ans, demande à sa grand-mère.

– Mamie, pourquoi papa a épousé maman ?

– Mon chéri, ça fait douze ans que mamie se pose la même question et elle n'a toujours pas la moindre piste...

Les épouses découvrent alors le sens caché de nouveaux mots (ou maux) : « hyperpossessivité », « Œdipe contrarié », « intrusive », « indiscrétion »... Autant d'expressions qui deviennent leurs glaives vengeurs et avec lesquels elles vous transpercent le cœur à horaires fixes, en exigeant de votre part une réaction qui ne viendra jamais...

Je me souviens avoir un jour été le témoin d'une scène hallucinante chez un copain. Il était, le pauvre, au beau milieu du plus tragique drame cornélien. Pour une broutille, comme souvent, le ton monte entre sa mère et sa femme. Je le vois, lui, désemparé, à l'affût d'un miracle du genre : « Faites que tout s'arrange par enchantement, et que je n'aie surtout pas à intervenir » ! Jusqu'au moment où les deux femmes, à court d'arguments, se jettent à la figure les phrases que chacune juge définitives et incontestables. J'ai tout vu, c'est sa femme qui a craqué la première ! Elle a balancé : « Je suis ici chez moi ! » Et la mère de mon pote a répliqué du tac au tac : « Et moi je suis chez mon fils ! » Démerde-toi avec ça, mon ami...

Autant prévenir les futures épouses : si vous voulez épouser l'homme, observez bien la mère, elle fera elle aussi partie de votre vie. Et si toutefois vous décidez de déterrer la hache de guerre et de vous lancer dans la compétition, méfiance ! Vous partez avec un sérieux handicap : un homme est souvent plus sûr de l'amour inconditionnel que lui porte sa mère que de celui que lui promet son épouse.

Deux mères juives discutent de leurs fils :

– Et comment va Schlomo ?

– Si tu savais, il lui arrive quelque chose de terrible : sa femme, ma belle-fille, a menacé de le quitter si je continuais à lui faire des remarques.

– C'est affreux !

– Oui, elle va beaucoup me manquer !

LES PROSÉMITES
ET LES ANTISÉMITES

Ce qui m'intéresse, c'est l'identité de ceux qui montrent du doigt les Juifs qui réussissent et qui sont ainsi la cause de cette réputation que nous traînons depuis des siècles comme un boulet.

J'ai toujours pensé que deux camps se partageaient cette responsabilité : les ultras et les nantis.

Le Juif à qui la chance sourit est bien loin de se considérer chaque jour comme un porte-drapeau de la diaspora. Il réussit parce qu'il en a envie, parce qu'il en a besoin, bref, il a ses raisons ! Il est un peu comme un joueur de foot sur le terrain. Le mec, lorsqu'il marque un but, ce n'est ni pour faire plaisir aux supporters, ni pour toucher une prime de match (enfin, j'espère). Il marque un but parce qu'il veut gagner ! Et dans le fond, il n'a aucune autre motivation que celle du jeu. C'est sa vie.

Les commentaires viennent toujours des tribunes.

Des supporters, et des autres.

Quand un Juif réussit, c'est comme au foot, il y a des commentaires.

Il y a les antisémites, dégoûtés d'avoir mal organisé la défense. Ils vont penser que c'est encore un pion poussé par l'immense organisation secrète internationale qu'est la diaspora, ou qu'il a du sang sur les mains, ou qu'il a appauvri des dizaines de familles pour en arriver là, ou que sais-je encore.

Et il y a les autres : les Juifs. Des Juifs qui vont, d'une certaine manière, revendiquer sa victoire pour en faire un peu la leur. Comme les supporters. C'est pas très malin, un supporter, mais, à quelques exceptions près, c'est pas très méchant non plus.

Moïse et les Juifs qu'il a sortis d'Égypte sont face à la mer. Max, son attaché de presse, vient lui annoncer le plus discrètement possible, mais complètement paniqué, que les Égyptiens foncent sur eux au galop pour les massacrer. Max lui demande alors :

– Moïse, qu'est-ce que tu comptes faire ?

Moïse, désemparé, répond :

– Je vais leur dire la vérité, Max. Je ne peux pas leur mentir. Je vais monter sur ce grand rocher et leur annoncer que nous allons tous mourir, et je vais leur demander que l'on prie une dernière fois l'Éternel Notre Dieu.

Max tristement :

– Tu auras toujours été sage, Moïse…

Puis le regard de Moïse s'éclaire soudain :

– Attends, Max ! J'ai une meilleure idée ! Je vais monter sur ce rocher, je vais demander à l'Éternel Notre Dieu d'ouvrir la mer pour qu'on puisse la traverser à pied, et lorsqu'on sera passé et que les Égyptiens seront derrière nous, je Lui demanderai de la refermer pour qu'ils meurent tous noyés, et que l'on puisse continuer paisiblement notre route pour la Terre promise. Qu'en penses-tu, Max ?

Max, fou de joie, lui répond :

– Alors là, Moïse, si tu fais ça, je t'aurai dix pages dans la Bible !!

Ce qui est amusant, c'est que les deux camps regardent les mêmes choses, mais évidemment pas avec le même œil.

Le grand pied de certains Juifs et des antisémites, et ça c'est très drôle, c'est de traquer les noms qui sont juifs dans les génériques de films par exemple.

Mais, il y a bien plus dangereux : c'est leur manie, aux uns et aux autres, de répertorier les gens. Allez sur le Net, et vous trouverez, par exemple, des sites juifs qui répertorient tous les pieds-noirs marocains qui ont réussi.

Les nazis auraient fait la même chose.

Si l'antisémitisme est affreux, le « prosémitisme » n'est pas du meilleur goût non plus.

C'est ce que je vous dis depuis le début, quand on est juif et modéré, on est condamné à avoir le cul entre deux chaises.

Dans le sketch qui porte le même nom que ce livre, je m'attarde sur le fait que, comme beaucoup de Juifs, je n'avais pas un amour inconsidéré pour la langue allemande. Un genre d'atavisme. Je maîtrise à quel point c'est con, d'autant plus que j'ai dans ma famille de cœur quelques Allemands. C'est d'ailleurs un professeur d'allemand, mon ami Reinhard (j'avais pris allemand en seconde langue...), qui a décelé le premier mes prédispositions d'acteur, et qui m'a encouragé dans cette voie. Cependant, l'accent, à grand renfort de films et de documentaires, sonne encore comme un bruit de bottes, et je sais que beaucoup d'Allemands de ma génération souffrent de cette association. Ils souffrent de l'aversion qu'ils ont pour les nazis, mais encore bien davantage du fait qu'on puisse les mettre dans le même panier.

Toujours est-il, et je vous laisse examiner ce nouveau paradoxe, que j'avais choisi l'allemand pour seconde langue. Sans doute parce que les classes germanophones avaient alors la réputation d'obtenir de meilleurs résultats. Mais, dans le fond, je crois que je m'en foutais complètement ! La vérité, c'est surtout que j'avais eu la chance d'arriver au lycée Jeanne-d'Arc de Fontainebleau au cours des premières années de la mixité.

Ce lycée, qui jusque-là avait été un pensionnat réservé aux jeunes filles de bonne famille, venait donc d'ouvrir ses portes aux garçons, mais était encore naturellement jumelé avec d'autres lycées de filles, dont celui de Constance en Allemagne. Comme beaucoup de Séfarades, je préférais les blondes aux brunes. Le choix de ma deuxième langue a ainsi été dicté par mes jeunes hormones en ébullition.

Pour en revenir à ce fameux sketch, je raconte que je suis finalement parti rejoindre ma correspondante à Constance en train... Ce à quoi j'ajoute, l'air de rien, qu'aller en Allemagne en train, c'est une vieille tradition chez les Juifs.

Normalement, ça fait rire. Un journaliste, un seul, a relevé cette phrase pour s'en servir contre moi. Un sombre médiocre, qui œuvre par ailleurs dans un journal formidable qui s'appelle *Actualité juive*. Dans la critique qu'il donnait de mon spectacle, cet abruti avait écrit : « Monsieur Lellouche, le fait d'être ashkénaze ou séfarade ne donne pas le droit de rire avec les trains de la mort... »

Ce garçon devrait savoir que l'humour est l'armure de toutes les grandes tragédies, et qu'il est la seule force reconnue et admirable des Juifs.

Guitry a écrit cette phrase merveilleuse : « On peut prétendre être sérieux, mais on ne peut pas prétendre être drôle. »

Il suffit de voir à quel point d'autres humoristes de l'autre côté de l'Atlantique ont poussé loin le bouchon de l'humour. L'un d'entre eux, Lenny Bruce, entre sur scène avec deux savonnettes, et crie à la foule : « Je vous présente mes grands-parents ! »

Alors, oui, ma réflexion progresse : on peut certainement rire de tout et avec n'importe qui, du moment que c'est drôle.

Je vais quand même mettre un bémol parce que si vous n'êtes pas juif et que vous vous lancez dans une blague sur les camps, il va falloir que votre histoire soit très très très drôle. Et que vous la racontiez très très très bien...

J'ai vu beaucoup de types se planter, avec, j'en suis sûr, de très bonnes intentions au départ. Le mec va vouloir vous raconter une histoire juive et va vous raconter une histoire franchement antisémite. La plus répandue est la suivante :

– Tu sais que mon père, lui aussi, est mort dans un camp ?

– Ah bon ?

– Oui, oui, il est tombé du mirador…

Pathétique. C'est comme le collègue à table, sûr qu'il va vous faire marrer, qui vous balance :

– Hé, tu passes le pain ou t'as décidé de le manger en juif ?!

L'antisémite et l'ultra ont cette énorme lacune en commun : ils n'ont pas d'humour.

LES JUIFS
ET LES ARABES

Il n'y a pas de guerre entre les Juifs et les Arabes. Nous nous ressemblons trop.
Les Juifs et les Arabes ont souvent grandi ensemble. Mondialiser un conflit lointain, c'est foutre une merde sans nom là où il n'y en a pas besoin. Mais à qui profite ce crime ? On le saura sans doute un jour. La seule bataille que nous nous livrons avec plaisir entre Juifs et Arabes, c'est celle des vannes.

Un adolescent, dont le père est arabe et la mère juive, interroge son père :
– Papa ? Finalement moi, je suis juif ou je suis arabe ?
– Tu es arabe, mon fils. Chez nous, la religion se transmet par le père.
Il interroge sa mère :
– Maman ? Papa vient de me dire que je suis arabe, c'est vrai ?

– Mais non, mon fils. Chez nous, la religion se transmet par la mère. Donc, tu es juif.

Il sort de chez lui et rejoint son copain Kevin, qui l'attend :

– Ben, tu vois, mon père dit que je suis arabe, et ma mère dit que je suis juif… Alors, je fais quoi de ton scooter ? Je te le négocie, ou je te le vole ?

Dans un avion, un Juif et un Arabe sont assis l'un à côté de l'autre. Ils se dédaignent complètement. À un moment, l'Arabe, assis près du hublot, dit au Juif :

– Allez me chercher un jus d'orange, s'il vous plaît, j'ai beau appeler l'hôtesse, elle ne vient pas, et je ne me sens pas très bien.

Le Juif s'exécute, et pendant qu'il est parti, l'Arabe crache dans les chaussures qu'il a laissées au pied de son siège.

Bien plus tard, lorsque l'avion atterrit, le Juif remet ses chaussures et sent le crachat pénétrer ses chaussettes. Il se lève pour quitter l'avion et s'adresse à l'Arabe :

– Voyez, mon cher, pour que s'arrête le conflit au Moyen-Orient, il faudrait que les Arabes cessent de cracher dans les chaussures, et que les Juifs cessent de pisser dans les jus d'orange…

ET SI JE N'ÉTAIS PAS LE PREMIER ?

Au regard de tout ce que j'ai évoqué avec vous, j'ai forcément du mal à imaginer que je suis le premier à ressentir cette lassitude quant à mon héritage culturel et religieux. D'autres que moi, par le passé, ont certainement eu à souffrir de tous ces préjugés.

Passons vite sur Jésus-Christ, un Juif, eh oui, qui aurait pu nous réconcilier avec le reste de l'humanité au lieu de quoi nous avons été accusés de sa mise à mort. Il arrive pourtant qu'on reconnaisse sa judéité, notamment les antisémites purs et durs, lorsqu'ils remarquent le succès de l'empire qu'il a mis en place. Il fallait être juif pour réussir ce coup-là ! Encore la marque de la diaspora conquérante !

Quand on pense qu'il aurait suffi qu'il se taise pour que les Juifs soient beaucoup plus nombreux sur la planète, on comprend à quel point lui aussi en avait marre !

Marx, lui, est l'exemple parfait. D'où croyez-vous que lui venait cette haine de l'argent, de la réussite sociale, de la religion ? Supprimons ces trois fléaux pour que les hommes soient les meilleurs camarades... ça ne vous rappelle rien ? On sent combien le petit Karl a dû souffrir, lui aussi, à cause du nom qu'il portait d'une prédisposition supposée à ces horribles maladies, avant de clamer, une fois devenu le grand Marx : « Oh, les gars ! Regardez, je suis juif, mais ça, on s'en fout et, en plus, j'aime pas le pognon ! Je vous jure que ça existe ! »

Jusqu'à Einstein, battant tous les records de lassitude, dont les travaux sont à l'origine de la bombe du suicide collectif, pour que tout ça s'arrête enfin, et qu'on reparte sur de bonnes bases.

Sans compter Léonard de Vinci, qui a changé de nom pour que tout le monde reconnaisse son génie sans arrière-pensée... Non, là, je déconne, c'est pour rire.

ENFIN... MOI, CE QUE J'EN PENSE...

Revenons deux minutes, si vous le permettez, sur cette fameuse phrase biblique du peuple élu, qui a fait et fera couler tant d'encre et de venin.
Cette phrase parvient, à elle seule, à rassembler dans un même combat ridicule les Juifs vaniteux, les abrutis et les antisémites. Je me rends volontiers compte que, à ce moment du livre, je délaisse l'humour pour devenir un genre de donneur de leçons, et je me déteste encore plus que vous à ce moment précis. Mais j'ai une impression spirituelle très envoûtante, une soudaine impression que je pourrais faire avancer les choses.
Quand les humoristes se prennent au sérieux, il n'y a rien de pire...

Moïse est tout en haut du mont Sinaï. Il attend que Dieu lui donne les Tables de la Loi. Mais, avant de les lui donner, Dieu pose une condition.

Alors, Moïse regarde le ciel l'air complètement interloqué et dit :

– Pardon, Seigneur ? J'ai mal entendu, Tu feras de nous le Peuple élu à condition que nous coupions le bout de nos QUOI ?

Toujours sur le mont Sinaï, Dieu dit à Moïse :

– Retiens bien cela, Moïse, respecte les lois kasher et ne cuisine jamais le veau dans le lait de sa mère. C'est un acte cruel.

– Alors, on ne doit jamais manger de lait et de viande en même temps ?

– Non, ce que je veux dire, c'est que tu ne dois jamais cuisiner le veau dans le lait de sa mère.

– Mon Dieu, pardonne mon ignorance mais, ce que tu veux dire, c'est que l'on doit attendre six heures après avoir mangé de la viande si l'on veut manger quelque chose qui contient du lait, pour que les deux ne soient pas mélangés dans l'estomac ?

– Non, Moïse, c'est tout simple ce que je veux dire : ne cuisine pas le veau dans le lait de sa mère, c'est tout !!!

– Mais, mon Dieu ! Je t'en prie, ne me blâme pas pour ma stupidité ! Mais explique-moi : tu veux dire que l'on doit avoir un jeu de couverts pour le lait, et un jeu de couverts pour la viande, et que si un jour on se trompe de couverts, on devra enterrer ces couverts à jamais et ne plus les utiliser ?

– Ohhhh, Moïse... Fais comme tu veux...

Toujours est-il que j'y suis, donc j'y reste, sur cette fameuse phrase. De mes bien modestes apprentissages, je retiens que, lorsque Dieu est apparu pour la première fois, les hommes vivaient en tribus. L'une de ces tribus fut alors désignée par l'Éternel pour proclamer son existence. Cette tribu, ce peuple, a été choisie, élue, par le Tout-Puissant pour devenir le messager de son existence.

À mon sens, il n'y a rien d'autre à comprendre dans l'expression de « peuple élu ». Qu'on se le dise !

J'avoue que je vous livre ici *La Bible expliquée par et pour un neuneu*, mais ça a le mérite d'être clair.

Le seul reproche que l'on peut adresser aux Juifs, c'est d'avoir été prévenus les premiers. C'est quand même pas un drame !

Paris, 1943. En plein hiver, à huit heures du matin, une queue immense se presse devant une boulangerie par un froid glacial. Le boulanger sort de son commerce et s'adresse à la masse de gens qui se bousculent :

– Est-ce qu'il y a des Juifs qui attendent ici ?

Quelques mains se lèvent.

– Il n'y aura pas de pain pour les Juifs !

Les malheureux qui ont levé la main s'en vont. Deux heures plus tard, le boulanger sort à nouveau :

– Est-ce qu'il y a des gens qui ne sont pas français et qui attendent pour du pain ?

Quelques mains se lèvent.

– Il n'y aura pas de pain pour ceux qui ne sont pas français !

Les malheureux qui ont levé la main s'en vont. Deux heures s'écoulent à nouveau, et le boulanger sort à nouveau :

– Est-ce qu'il y a des protestants qui attendent ?

Encore d'autres mains se lèvent.

– Il n'y aura pas de pain pour les protestants aujourd'hui !

Les malheureux qui ont levé la main s'en vont. Puis deux heures s'écoulent encore jusqu'à ce que le boulanger sorte encore pour crier :

– C'est fini pour aujourd'hui ! On n'a plus de pain, vous pouvez tous rentrer chez vous.

De la foule qui attendait encore, une voix s'élève :

– Fait chier ! C'est encore les Juifs qu'ont été prévenus les premiers !

Non, le véritable reproche que l'on peut objectivement faire aux Juifs, c'est de refuser la mixité, le mélange. Je comprends qu'on regarde d'un œil suspicieux ce refus. Un refus d'intégration ? Si certains ne le savent pas encore, la seule explication à cet état de fait est la suivante : la judéité se transmet par la mère. Pourquoi ? Parce qu'on est toujours sûr de la mère, et pas toujours du père !

Et ça, c'est pas de la parano ?!

Une mère juive apprend que son fils a trouvé le moyen de tomber amoureux d'une goy... Il lui annonce qu'il a l'intention de l'épouser.

La mère éclate en sanglots et lui dit :

– Voilà, mon fils, tu ne te soucies déjà plus de moi !

– Mais bien sûr que si, maman !

– Et si cette fille ne m'aime pas, tu viendras quand même me voir ?

– Évidemment, maman.

– Même si elle te l'interdit ?

– Oui !

– Ça va, tu es gentil, toi au moins... Mais quand même...

– Quoi encore ?

– Tu peux me dire ce que j'ai fait à Dieu pour que mon fils unique choisisse une goy qui lui interdit de voir sa mère et qui ne m'aime pas alors que je ne la connais même pas ?

C'est d'ailleurs pour ça que les Juifs acceptent davantage un mariage mixte lorsque c'est leur fille qui épouse un goy. Cette combinaison permet d'assurer la survie de la religion juive.

C'est chiant. D'un côté, on voudrait être aimé des autres mais, de l'autre, on les aime pas assez pour les faire entrer dans notre famille. De ce refus, certains sont vexés et nous en veulent. Et si l'antisémitisme n'était parfois qu'un grand cri d'amour ?

Un rabbin est dans un wagon de train, assis en face d'un curé. C'est l'heure du déjeuner, et le rabbin a oublié le repas qu'on lui avait préparé.

Alors qu'ils ont engagé la conversation, le curé sort un énorme sandwich au jambon et dit :

– Vous ne déjeunez pas, monsieur le rabbin ?

– Non, j'ai oublié le déjeuner qu'on m'avait préparé, et il n'y a rien de kasher dans le wagon-restaurant.

– Voulez-vous un morceau de mon sandwich au jambon ?

– Non, je vous remercie, monsieur le curé, je n'ai pas le droit de manger du jambon.

Le curé, ironique, répond :

– Vous avez tort, vous ne savez pas ce que vous perdez...

Le temps s'écoule et, au bout d'un moment, le curé s'adresse à nouveau au rabbin :

– Quelqu'un vient vous chercher à la gare ? Parce que je pensais que nous pourrions partager un taxi...

– Non, je vous remercie, ma femme m'y attend avec notre voiture. La vôtre travaille peut-être, elle n'a pas pu venir vous chercher ?

– Non, monsieur le rabbin, nous n'avons pas le droit de nous marier.

Alors, le rabbin, ironique, répond :

– Vous avez tort, vous ne savez pas ce que vous perdez...

A contrario, la religion juive est, de ce fait, une des rares religions non expansionnistes. Puisque les Juifs ne peuvent pas se mélanger impunément aux autres, ils n'ont jamais eu d'intérêt à la conquête de nouveaux territoires. Le seul vrai problème qui nous pourrit la vie : c'est Israël. On n'y comprend rien ni les uns, ni les autres. Ce qui est drôle, c'est la façon que l'on a de tous tomber d'accord sur des évidences politiques dans le monde. On est presque tous d'accord sur Pinochet, Ben Laden, le Darfour, les dictateurs et le reste, mais personne n'est foutu d'avoir la même opinion sur Israël. Pourquoi ? Et pourquoi faut-il que ça tombe encore sur les Juifs, cette histoire-là ?

Pour un Français juif, le piège à éviter, c'est de parler d'Israël. On s'y embourbe en moins de deux. Ça ne nous regarde pas vraiment en plus ! Quand on nous interroge sur Israël, je sens qu'il existe une autre interrogation derrière, plus pernicieuse, qui cherche à savoir si nous nous sentons plus juifs que français. Mais Israël est un pays et pas une religion. Et si la majorité des habitants d'Israël sont des Juifs, tous les Juifs ne sont pas pour autant Israéliens.

Il n'y a pas une impérieuse nécessité de solidarité politique, mais celui qui pose la question le sait bien, il y en a une de cœur. Si on demande à quelqu'un s'il aime son père, il va vous répondre que oui. Est-ce que ça veut dire qu'il est nécessairement d'accord avec tous les choix que son père a faits dans sa vie ? Ça ne regarde que lui.

Voilà le nouveau piège tendu aux Juifs, dont je me passerais bien.

Et si on les laissait se démerder sans se sentir obligé d'avoir un avis, ou de prendre parti ou pour l'un ou pour l'autre ? Ce serait reposant pour le monde entier.

Un jour, nous parlions du judaïsme avec mon ami le comédien Laurent Spielvogel. C'est avec lui que j'ai écrit mon one-man-show, et comme son nom l'indique par ailleurs, il n'est pas complètement étranger aux propos de ce livre. Donc, il m'a dit : « Philippe, si les Juifs cherchent la reconnaissance, c'est parce que, dans ce mot, il y en a trois : "reconnaître d'être né". »

Mon Dieu, ce que ça a du sens ! Tu as raison, Laurent : les Juifs, malgré leurs grandes gueules, leur parano et leur arrogance, ne pensent qu'à une chose. Ils rêvent d'être acceptés, d'être aimés, de devenir juste des gens comme les autres.

C'est vrai, j'en ai souvent eu marre d'être juif, mais je n'ai jamais cessé d'aimer l'être.

À la lumière de toutes ces années, j'ai écrit ce livre, mon premier livre. L'avez-vous aimé ?

Est-ce que vous m'aimez ?

ALLEZ, ON VA PAS S'QUITTER COMME ÇA !

Une dame juive téléphone à son journal local et demande à parler au responsable de la section nécrologie. L'homme lui répond :

– Que puis-je faire pour vous ?

– J'aimerais passer une annonce.

– Très bien, madame, je vous écoute, quel est le texte ?

– « David Cohen est mort. »

– Et c'est tout ? « David Cohen est mort » ?

– Oui, c'est tout.

– Mais vous avez droit à quatre lignes pour votre annonce. C'est compris dans le prix.

– D'accord. Alors, mettez : « David Cohen est mort... Mercedes 300 SL à vendre. »

Le gardien de la synagogue n'en peut plus : le mariage est terminé depuis plus de deux heures mais les invités restent à bavarder. Il décide alors de téléphoner au rabbin pour lui demander conseil :

– Que faire ? Ils ne veulent pas partir !

– Criez-leur : « Au feu ! »

– Je l'ai fait mais ils ne sont pas partis !

– Alors, criez : « Au voleur ! »

J'y ai aussi pensé mais ça ne marche pas non plus.

– Alors, je ne vois plus qu'une solution : faites la quête !

– Il paraît que ton usine a brûlé ?

– Chut ! C'est la semaine prochaine !

Un touriste en visite en Israël demande sa route pour se rendre au Mur des lamentations. Il essaie de parler en hébreu mais il a oublié l'expression. Il essaie d'expliquer sa demande à un passant :

– Où est donc cet endroit où l'on va pour pleurer, et où l'on écrit ses désirs sur un petit bout de papier .

– Pour l'hôtel des impôts vous prenez la première à droite et c'est tout droit !

Bellassen va voir son rabbin.

– J'ai péché, je veux savoir que faire pour me repentir.

– Quel péché avez-vous commis ?

– Ça m'est arrivé une seule fois, je ne me suis pas lavé les mains et je n'ai pas dit la bénédiction avant de manger du pain.

– Oh, si cela ne vous est arrivé qu'une seule fois, ce n'est pas si terrible. Mais dites-moi donc, pourquoi avez-vous oublié de réciter la prière ?

– Euh, j'étais gêné, vous comprenez, c'était pas dans un restaurant kasher.

– Hmm ! Et pourquoi mangiez-vous dans un restaurant non kasher ?

– Je n'avais pas le choix, tous les restaurants kasher étaient fermés.

– Hmm ! Hmm ! Et pourquoi étaient-ils fermés, les restos kasher ?

– Ben parce que c'était Kippour !

Un gros producteur de cinéma appelle son régisseur, un jeune Juif très débrouillard.

– David, j'ai besoin de toi, il faut que tu me trouves deux sémaphores en urgence.

– Pas de problème, j'en ai justement vu deux à vendre. Combien voulez-vous mettre ?

– En gros dix mille euros.

– Dix mille euros ! Vous voulez rire ! Il faudra au moins mettre le double !

– Bon, mais j'espère qu'ils sont beaux, tes sémaphores.

– Superbes ! Je vous les apporte dans trois jours !

– OK, je compte sur toi.

David sort. Dans les coulisses de la régie, il rencontre son amie Suzie :

– Dis-moi, Suzie, c'est quoi, des sémaphores ?

Un Juif, vers huit heures du soir, ferme le rideau de sa boutique du Sentier, quand un type arrive en courant :

– Oh, non, vous fermez !

Alors, le Juif, en relevant le rideau :
– Mais non, j'ouvre !

– David ! La mer monte !
– Ben, achète, idiot !

Un Juif complètement fauché se rend à la synagogue et implore l'aide de Dieu :
– Mon Dieu, je n'en peux plus, le loyer, les impôts, la nourriture, je ne peux plus payer ! Aide-moi, s'il Te plaît, donne-moi seulement dix mille euros, je Te jure que j'en donnerai la moitié aux pauvres !
Il hésite un peu, et, comme Dieu ne répond pas :
– Et si Tu n'as pas confiance, mon Dieu, alors envoie-moi juste mes cinq mille euros.

Un vieillard juif entre dans une église et se plante devant le curé :
– J'ai quatre-vingt-douze ans et ma femme quatre-vingt-dix. Nous avons vécu un mariage heureux pendant plus

de soixante ans. Mais la semaine dernière, je me suis fait une folle partie de jambes en l'air avec un top model de vingt-sept ans.

Le curé est complètement scié :

– Tu devrais passer au confessionnal, vieil homme...

– Et pourquoi un vieux Juif comme moi passerait au confessionnal ?

Le curé est encore plus surpris :

– Mais si tu es juif, pourquoi me raconter ton histoire, à moi ?

Et le vieux répond :

– Mais je la raconte à tout le monde !

Une femme juive se rend chez le dentiste et lui demande combien cela coûte pour se faire arracher une dent de sagesse.

– Quatre-vingts euros, répond le dentiste.

– Mais c'est affreusement cher, proteste la femme. Il n'y a pas moyen de le faire pour moins cher ?

– Si je ne vous fais pas d'anesthésie, propose le dentiste, on peut descendre à soixante euros.

– C'est encore trop cher !

– Bon, si je ne vous fais pas d'anesthésie et que je vous arrache juste la dent avec des tenailles, ce sera quarante euros.

– Non, grogne la femme, c'est encore trop.

- OK, si je le fais faire par un de mes étudiants, sans anesthésie et avec une vieille paire de tenailles, juste pour qu'il se fasse son expérience, en somme, je vous le fais à vingt euros.

– Parfait, répond la femme, mon mari Moshé viendra à dix heures mardi prochain !

David Goldblum discute avec son fils :

– Mon fils, je veux que tu épouses une fille que j'ai choisie pour toi !

– Comment ?! Mais enfin, je veux pouvoir choisir ma femme moi-même !!!

Le père dit alors :

– Mais cette fille est la fille de Bill Gates.

– Ahhh, dans ce cas...

Le lendemain, le père va voir Bill Gates :

– Bonjour, j'ai un mari pour votre fille.

– Comment ?! Mais enfin, ma fille est trop jeune pour se marier !!!

L'homme d'affaires répond alors :

– Mais ce jeune homme est vice-président de la Banque mondiale…

Bill Gates :

– Ahhh, dans ce cas…

Le surlendemain, le père va voir le président de la Banque mondiale.

– Bonjour, j'ai quelqu'un à vous recommander comme vice-président de la banque.

– Comment ?! Mais enfin, j'ai déjà plus de vice-présidents qu'il ne m'en faut !!!

Le père :

– Mais ce jeune homme est le gendre de Bill Gates.

Le président :

– Ahhh, dans ce cas…

Shimon et David sont dans une pissotière du Sentier. Tandis que chacun fait pipi de son côté, Shimon demande à David :

– Dis-moi, tu n'aurais pas été circoncis par le rabbin Yacov par hasard ?

– Si, répond David, qui te l'a dit ?

– Personne, mais tu me pisses sur les godasses !

À Paris, Moïse Cohen va voir le rabbin du quartier :

– Rabbi, je voudrais faire circoncire mon chien.

– Je suis désolé, Moïse, mais je ne peux pas circoncire un chien.

– Je suis prêt à faire un don de dix mille euros.

– Désolé, Moïse, mais même pour dix mille euros, je ne peux pas circoncire ton chien.

– Allez, rabbi, j'offre cent mille euros et vous faites la circoncision à mon labrador.

– Ah, c'est un labrador ?! Mais il fallait me le dire tout de suite, Moïse !

Table

L'HUMOUR
AU CHERCHE MIDI

COLLECTION
« LES PENSÉES »

Pensées, textes et anecdotes d'Alphonse Allais

Les Pensées de Jean Amadou

Les Pensées de José Artur

Pensées provisoirement définitives d'Yvan Audouard

Pointes, piques et répliques de Guy Bedos

Les Pensées de Tristan Bernard

Les Amuse-Bush

Pensées, répliques et anecdotes de Francis Blanche

Pensées et répliques de Bertrand Blier

Mille et une pensées de Philippe Bouvard

Les Pensées des boulevardiers : Alphonse Karr, Aurélien Scholl, Georges Feydeau, Cami

Les Pensées d'Alfred Capus

Les Pensées de Cavanna

Pensées, répliques et anecdotes de Claude Chabrol

Pensées et anecdotes de Coluche illustrées par Cabu, Gébé, Gotlib, Reiser, Wolinski

Les Pensées de Courteline

Les Pensées de Pierre Dac

Arrière-Pensées de Pierre Dac

Pensées et anecdotes de Dalí

Les Pensées de San Antonio de Frédéric Dard

Les Pensées de Jean Dutourd

Pensées et répliques de Jacques Dutronc

Encore ! de Jacques Dutronc

Les Pensées de Gustave Flaubert, suivies du *Dictionnaire des idées reçues*

Les Pensées d'Anatole France

Les Pensées d'André Frossard

Pensées, provocs et autres volutes de Serge Gainsbourg

Pensées, histoires et anecdotes de Michel Galabru

Les Pensées, répliques et anecdotes de De Gaulle choisies par Marcel Jullian

Traits d'esprit de Charles de Gaulle

Pensées, maximes et anecdotes de Sacha Guitry

Pensées, répliques et anecdotes des Marx Brothers

Portraits acides et autres pensées édifiantes de Philippe Meyer

Pensées, répliques et anecdotes de François Mitterrand

Les Pensées de Daniel Prévost

Les Pensées de Jules Renard

Pensées, répliques et portraits de Rivarol

Pense-bêtes de Topor illustré par lui-même

Vracs de Tomi Ungerer

Pensées, répliques et anecdotes de Jean Yanne

Je suis un être exquis de Jean Yanne

Les Pensées d'Oscar Wilde

Les Pensées de Wolinski illustrées par lui-même

Mes aveux de Wolinski

COLLECTION « LE SENS DE L'HUMOUR »

LAURENT BAFFIE
Tu l'as dit Baffie !

GUY BEDOS
Arrêtez le monde, je veux descendre

Sarko & Co

LAURENCE BOCCOLINI
Méchante

Méchante 2

PHILIPPE BOUVARD
Journal

Journal 1997-2000

Auto-psy d'un bon vivant, journal 2000-2003

Le Grand Livre des Grosses Têtes

COLUCHE
Et vous trouvez ça drôle ?

Elle est courte, mais elle est bonne

Ça roule ma poule

Le Best of

L'Intégrale des sketches

PIERRE DAC
Les Meilleures Petites Annonces de l'Os à moelle

Essais, maximes et conférences

RAYMOND DEVOS
Les 40ᵉ délirants

Une chenille nommée Vanessa

Sans titre de noblesse

Rêvons de mots

Sketches inédits

PHILIPPE HÉRACLÈS
Le Grand Livre de l'humour noir

Illustrations de Kerleroux
Le Petit Livre de l'humour noir

Des fins pour défunts

Éternellement vôtre

Le Petit Livre des épitaphes les plus drôles

Cent bonnes raisons d'être mort

OLIVIER DE KERSAUSON
Macho mais accro

T'as pas honte ?
illustré par Wolinski

LES MONTY PYTHON
Le Grand Livre des Monty Python

MICHEL MULLER
Pas tout noir

INGRID NAOUR
Drôles de zèbres

Bestiaire humoristique

DANIEL PRÉVOST
Un couple de notre temps

Éloge du moi

Lettres d'adieu

PHILIPPE VAL
Allez-y, vous n'en reviendrez pas

Allez-y, vous n'en reviendrez pas (la suite)

Bonjour l'ambiance

Fin de siècle en solde

No problem !

Bons baisers de Ben Laden

Les Traîtres et les Crétins

WOLINSKI
La Morale

Fin de siècle en solde

Mis en pages par Nord Compo
Imprimé en France par CPI Firmin Didot
Dépôt légal : décembre 2008
N° d'édition : 1189-04– N° d'impression : 93438
Suite du premier tirage : décembre 2008
ISBN 978-2-7491-1189-6